Mémoires De M. De La Porte, Premier Valet De Chambre De Louis Xiv, Contenant Plusieurs Particularités Des Règnes De Louis Xiii Et De Louis Xiv...

Pierre de La Porte

MEMOIRES

DE

[Pierre]

M. DE LA PORTE,

Premier Valet de Chambre

DE

LOUIS XIV.

CONTENANT

Plusieurs particularités des Regnes
de Louis XIII. & de Louis XIV.

A GENÉVE,

M. DCC. LVI.

PREFACE.

SOUVENT on ignore la cause des plus grands événemens : souvent l'Historien qui combine les circonstances, & le chercheur d'Anecdotes, qui ne veut voir la vérité que dans des routes écartées, sont également embarrassés pour rendre raison de la disgrace d'un homme qui, aux yeux du Public, n'avoit mérité que de la faveur. Ils ne peuvent offrir que des conjectures destituées de tout fondement solide, & dont un Lecteur judicieux ne peut jamais être entierement satisfait. Le tems enfin perce seul ces nuages obscurs. Un Particulier, qui a été l'ame des affaires les plus importantes de son tems, laisse par écrit à sa famille un récit naïf des affaires d'Etat, dont il a été dans le secret l'organe & le Ministre principal. Après quelques années vient l'instant, où l'on peut faire part au Public de ces Mémoires, & l'on est tout étonné de voir combien étoient petites les circonstances qui ont déterminé les plus grands événemens.

Tels font les Mémoires que l'on donne au Public : ils ont été trouvés dans les papiers d'un homme de Lettres décédé depuis peu de temps. Le ſtile en eſt un peu lâche, & ſe reſſent un peu des premiers temps où l'Auteur a vécu ; on n'y a cependant corrigé que quelques endroits où le ſens péchoit manifeſtement ; on a craint, en faiſant des change- mens plus conſidérables dans une premiere édition, de s'at- tirer le reproche d'en avoir altéré le texte. Au reſte on trouvera dans ces Mémoires des faits biens intéreſſans & dont l'Auteur ſeul pouvoit donner connoiſſance.

Il ſe nommoit Pierre de la Porte : il fut d'abord Porte- Manteau de la Reine Anne d'Autriche, femme de Louis.

XIII. puis Maître-d'Hôtel &
Premier Valet de Chambre du
feu Roi Louis XIV. Il avoit
époufé Françoife Cottignon de
Chauvri , de laquelle il eut
plufieurs enfans , dont deux
feulement font venus à ma
connoiffance. Il mourut le 13.
Septembre 1680. âgé de foi-
xante-dix-fept ans. Ceux de fes
enfans dont j'ai eu connoiffance font :

1°. Gabriel de la Porte ,
mort Doyen du Parlement de
Paris le 11. Février 1730. âgé
de quatre-vingt-deux ans , auquel il n'étoit refté qu'une
fille , nommée Marguerite-
Françoife de la Porte , qui
avoit époufé Jean-Nicolas de

Pleurre, Seigneur de Romilly, Conseiller Honoraire en la Grand'Chambre du même Parlement de Paris, & morte le 15. Avril 1713. âgée de trente-deux ans.

2°. Magdelaine de la Porte, veuve depuis le 31. Août 1718. de *Louis* Marquis de Cleres, Chevalier Seigneur de Goupilleres, Châtelain de Prunai-le-Gillon, Tourty, &c. morte le 5. Mai 1735. âgée d'environ quatre-vingt-six ans, ne laissant qu'une fille Religieuse.

Pierre de la Porte, Auteur de ces Mémoires, s'attacha inviolablement à la Reine Anne d'Autriche : il fut le seul Ministre des intrigues & des correspondances qu'elle entretenoit secretement avec le Roi d'Angleterre, le Roi d'Espagne, & autres Princes alors ennemis de l'Etat. Il connoissoit parfaitement combien le métier qu'il faisoit pouvoit devenir dangereux pour lui ; mais son attachement pour la Reine le fit passer pardessus toutes sortes de considérations ; cependant le Cardinal de Richelieu auquel rien n'échappoit eut quelque soupçon des services qu'il rendoit à cette Princesse, & le fit mettre à la Bastille ; il y souffrit beaucoup, & n'en sortit que lorsque Louis XIII. se fut reconcilié avec la Reine & qu'elle fut devenue grosse

du feu Roi. De-là il fut envoyé en exil à Saumur, où il
resta jusqu'en 1643. tems auquel Louis XIII. étant mort
la Reine le rappella à la Cour,
lui fit d'abord du bien, mais le
disgracia ensuite sans le moindre fondement, oubliant les
services les plus essentiels qu'il
lui avoit rendus.

On pourroit presque appli-
quer à la manie du service des
grands, ce qu'on dit commu-
nément de la recherche de la
pierre philosophale *initium de-
cipi, medium laborare, finis men-
dicare*; on commence par être
duppe, ensuite l'on travaille,
& l'on finit par vivre sans bien.
Un particulier qui vit à la

Cour, quoique dans un état très-médiocre, se voit continuellement entouré de tout ce qu'il y a de grand dans l'Etat, l'éclat des richesses & de la grandeur l'éblouit & le transporte, il est continuellement assiégé par des idées de fortune qui, pour ainsi dire, lui tournent la tête, l'envie de parvenir le dévore, l'exemple de ceux de son état qu'il voit s'être élévés, lui fait la plus dangereuse illusion, il embrasse avec ardeur la premiere occasion qu'il peut regarder comme un acheminement à la fortune, quoique souvent il y ait pour lui du travail & du risque, & plus souvent encore

après ses travaux il ne trouve
que peu de reconnoissance
chez le Maître qu'il a servi
avec le plus grand zele & la
plus grande fidelité. C'est positivement ce qui arriva à M.
de la Porte.

Le Cardinal de Richelieu
qui se connoissoit en hommes,
& qui sçavoit parfaitement
distinguer ceux dont les lumieres & le courage étoient
capables de vaincre certaines
difficultés, qui ne se rencon-
trent que trop dans les grandes affaires, eut grande envie
d'attacher M. de la Porte à son
service ; il étoit bien sûr qu'il
étoit le Ministre affidé des correspondances secretes de la

Reine Anne d'Autriche avec plusieurs Princes alors ennemis de l'Etat; il fit tous ses efforts pour le gagner, l'épouvanter, le convaincre, pour lui faire avouer ce dont il ne pouvoit avoir de preuves suffisantes; n'ayant pu venir à bout de rien de tout cela, il ne put s'empêcher d'admirer la constance & la fermeté de ce serviteur fidéle, & l'on voit par ce qui est rapporté dans ces Mémoires qu'il ne croyoit pas en avoir un seul de cette trempe.

Les services que M. de la Porte avoit rendus à la Reine Anne d'Autriche, étoient de si grande importance qu'ils mé-

ritoient fans contredit une re-
connoiffance plus marquée de
fa part, & un éxamen plus
éxact du fujet de fa difgrace.
Il faut pourtant avouer qu'il
pouffa un peu trop loin fon
zéle pour la réputation de cette Princeffe, & qu'il y avoit de
l'indifcrétion dans les difcours
qu'il lui tint au fujet du Cardinal Mazarin. Il devoit fçavoir qu'on ne guérit point une
paffion décidée par une re-
montrance, fi fage, fi forte
qu'elle puiffe être ; & je fuis
perfuadé que ce font certaines converfations trop fincères
qu'il eut avec la Reine, qui
commencèrent à indifpofer
cette Princeffe contre lui, peut

être même sans qu'elle s'en apperçût ; car une personne de son état devoit bien souffrir de s'entendre réciter l'opinion publique , alors si fâcheuse pour elle, par un homme de l'état de M. de la Porte. Ses vûes étoient pleines de droiture & de probité ; mais en se montrant bon serviteur, il fut mauvais courtisan. Pour se soutenir à la Cour, il faut sçavoir encore plus modérer ses vertus que ses vices. M. de la Porte dit que Madame de Motteville fut la seule qui fut instruite du sujet de sa disgrace , quoiqu'elle n'en convienne point dans ses Mémoires. Au-reste on peut dire que ce

secret étoit lié avec des cir-
conftances bien étonnantes.
Le Lecteur en jugera.

Je ne puis m'empêcher en
finiffant de faire ici une obfer-
vation fur un trait qui eft
rapporté dans ces Mémoires.
L'Auteur dit qu'il fut mis à la
Baftille dans un cachot, d'où
avoit été tiré peu de jours auparavant pour aller au fupplice, un nommé du Bois, qui
avoit trompé le Roi, & le
Cardinal de Richelieu auf-
quels il avoit promis de faire
de l'or. Il falloit que le Cardinal fut bien fimple fur cet
article d'avoir donné dans une
pareille charlatanerie, & bien
cruel de la punir de mort,

Que penser de Louis XIII. qui permettoit que son Ministre portât à cet excès l'abus de son autorité ? Nous sommes heureux de vivre sous un Prince incapable de ces actions sanguinaires, & que nous connoissons tous pour être avare du sang de ses Sujets.

MEMOIRES
PARTICULIERS.

IL y a long-temps que j'ai eu deſſein de faire une relation de toutes les avantures qui me ſont arrivées à la Cour ; mais dans le temps que j'en avois la mémoire encore fraîche, cent choſes m'en ont détourné. Et préſentement que j'ai ce loiſir, ma mémoire ne me préſente preſque plus que des idées détachées, & dénuées de pluſieurs circonſtances dont il me ſeroit difficile de faire un ouvrage ſuivi. Malgré cela je ne laiſſerai pas d'écrire ce que je ſçais & de l'aſſembler comme je pourrai, puiſque mon intention n'eſt pas d'écrire pour le pu-

blic; mais feulement de laiffer à ma
famille un portrait de ma vie.

L'an 1624. il y avoit environ
trois ou quatre ans que j'étois au
fervice de la feuë Reine Anne d'Autriche, en la charge de Porte-Man-
teau ordinaire de Sa Majefté, lorfque le Comte de Carlifle que l'on
appelloit alors Mylord de Haye,
vint en France en qualité d'Ambaffadeur du Roi d'Angleterre, demander Madame Sœur du Roi pour
le Prince de Galles; il fut bien-tôt
fuivi de Mylord Riche, qui depuis
a porté le nom de Comte de Hollande, un des plus beaux hommes
du monde, mais d'une beauté effe-
minée, & l'année fuivante le Duc
de Boukinham, favori du même Roi,
vint en qualité d'Ambaffadeur Extraordinaire pour la conclufion de ce
mariage, & pour conduire Madame en Angleterre. C'étoit l'homme
du monde le mieux fait, & de la

meilleur mine, il parut à la Cour avec tant d'agrément & de magnificence, qu'il donna de l'admiration au peuple, de la joye & quelque chose de plus aux Dames, de la jalousie aux galans, & encore plus aux maris.

Monsieur de Chevreuse épousa Madame au nom du Prince de Galles, avec toute la pompe imaginable ; & cette cérémonie eût été suivie d'un *Ballet* que la Reine avoit étudié sans la mort du Roi d'Angleterre qui changea toute cette cérémonie en deuil ; mais Madame ne fut pas long-temps à se consoler de cette perte, un Royaume que lui donnoit cette mort valoit bien un beau-pere ; outre qu'il n'est pas permis aux personnes de cette condition de s'affliger long-temps, leurs personnes étant trop cheres au public.

Monfieur & Madame de Chevreufe la conduifirent en Angleterre, la Reine mere Marie de Médicis, & la Reine régnante Anne d'Autriche l'accompagnerent jufqu'à Amiens, ou ces trois Reines tinrent fur les Fonds de baptême les trois enfans de Mr de Chaulnes. Pendant qu'elles féjournerent en cette Ville, elle furent logées feparément n'y ayant point de maifon dans la Ville, où trois Reines puffent loger enfemble. La Reine (Anne d'Autriche) logea dans une maifon où il y avoit un fort grand jardin le long de la riviere de Somme, la Cour s'y promenoit tous les foirs, & il y arriva une chofe qui a bien donné occafion aux médifans d'exercer leur malignité.

Un foir que le temps étoit fort ferain la Reine qui aimoit à fe promener tard, étant en ce jardin le Duc de Boukinham la menoit, &

Mylord Riche menoit Madame de Chevreuſe : après s'être bien promenée, la Reine ſe repoſa quelque temps & toutes les Dames auſſi, puis elle ſe leva & dans le tournant d'une autre allée où les Dames ne la ſuivirent pas ſi-tôt, le Duc de Boukinham ſe voyant ſeul avec elle, à la faveur de l'obſcurité qui commençoit à chaſſer la lumiere s'émancipa fort inſolemment juſqu'à vouloir careſſer la Reine, qui en même temps fit un cri auquel tout le monde accourut.

Putange Ecuyer de la Reine qui la ſuivoit de vûe arriva le premier, & arrêta le Duc qui ſe trouva fort embaraſſé, & les ſuites euſſent été dangereuſes pour lui, ſi Putange ne l'eût laiſſé aller, tout le monde arrivant là-deſſus le Duc s'évada. Et il fut réſolu d'aſſoupir la choſe autant que l'on pourroit.

La Reine d'Angleterre, Monſieur & Madame de Chevreuſe partirent incontinent avec tous les Anglois pour Boulogne, où la flotte d'Angleterre étoit arrivée, mais auſſi-tôt il s'éleva une tempête qui les empêcha de s'embarquer pour ·l'Angleterre, les arrêta huit jours , pendant leſquels nos deux Reines demeurerent à Amiens. Comme la Reine avoit beaucoup d'amitié pour Madame de Chevreuſe, elle avoit bien de l'impatience d'avoir de ſes nouvelles,& ſur-tout du ſujet de leur retardement. La Reine tant pour cela , que pour mander à Madame de Chevreuſe ce qui ſe paſſoit à Amiens , & ce que l'on diſoit de l'avanture du jardin m'envoya en poſte à Boulogne , ou j'allai & revins continuellement tant que la Reine d'Angleterre y ſéjourna. Je portois des Lettres à Madame de Chevreuſe, & j'en rapportois des réponſes.

réponses qui paroissoient être de grande conséquence parce que la Reine avoit commandé à Mr. le Duc de Chaulnes de faire tenir les portes de la Ville ouvertes à toutes les heures de la nuit, afin que rien ne me retardât. Malgré la tempête il arriva une chaloupe d'Angleterre qui passa un Courier, lequel portoit des nouvelles si considérables, qu'elles obligerent Messieurs de Boukingham & de Hollande de les apporter eux - mêmes à la Reine mere : il se rencontra que je parrois de Boulogne en même tems qu'eux, & les ayant toujours accompagnés jusqu'à Amiens, je les quittai à l'entrée de la Ville.

Ils allerent au logis de la Reine mere qui étoit à l'Evêché, & j'allai porter mes réponses à la Reine avec un éventail de plumes que la Duchesse de Boukingham qui étoit arrivée à Boulogne lui envoyoit; je lui

B

dis que ces Meſſieurs étoient arrivés & que j'étois venu avec eux ,
elle fut ſurpriſe & dit à M. de No-
gent-Bautru qui étoit dans ſa chambre, *encore, revenus, Nogent . je*
penſois que nous en étions délivrés.

S. M. étoit au lit ; car elle s'étoit
fait ſaigner ce jour-là ; après qu'elle
eut lû ſes lettres , & que je lui eus
rendu compte de tout mon voyage,
je m'en allai & ne retournai chez
elle que le ſoir aſſez tard : j'y trouvai ces Meſſieurs qui y demeurerent beaucoup plus tard que la
bienſéance ne le permettoit à des
perſonnes de cette condition , lorſque les Reines ſont au lit ; & cela
obligea Madame de la Boiſſiere ,
premiere Dame - d'Honneur de la
Reine de ſe tenir auprès de S. M.
tant qu'ils y furent , ce qui leur dé-
plaiſoit fort ; toutes les femmes &
tous les Officiers de la Chambre ne
ſe retirerent qu'après que ces Meſſieurs furent ſortis.

Le lendemain ils firent plufieurs allées & venuës chez la Reine mere & chez la Reine, ils prirent enfin congé & s'en allerent. Auffi-tôt que la Reine d'Angleterre fut partie de Boulogne nos deuxReines partirent d'Amiens, & s'en allerent trouver le Roi à Fontainebleau qui ayant été averti de tout ce qui s'étoit paffé, en conçut une très-forte jaloufie, par la maligne interprétation qu'on *lui* fit de toutes ces chofes, dont les ennemis de la Reine fe fervirent pour entretenir la division entre le Roi & elle ; mais la Reine mere ne put s'empêcher de rendre témoignage à la verité, & de dire au Roi que tout cela n'étoit rien ; que quand la Reine auroit voulu mal faire il lui auroit été impoffible y ayant tant de gens autour d'elle qui l'obfervoient, & qu'elle n'avoit pu empêcher que le Duc de Boukinham n'eût de l'eftime & même de l'amour pour elle. Elle rapporta de plus quantité de choſes de cette nature qui lui étoient arrivées dans ſa jeuneſſe. Ces raiſons quoiqu'inconteſtables n'éteignirent pas la jalouſie du Roi, & il ne laiſſa pas d'ôter d'auprès de la Reine tous ceux qu'il crut avoir eu part à cette intrigue.

Le 20. Juillet le Roi envoya le Pere Segueran ſon Confeſſeur dire à Madame du Vernet, à Ribert Premier Médecin de la Reine, à Putange, & à du Jart Gentilhomme ſervant, qu'ils euſſent à ſe retirer promptement de la Cour ; ils obéïrent tous, hors du Jart qui étoit pour lors en Angleterre, où la Reine l'avoit envoyé ſçavoir comment la Reine d'Angleterre, & Madame de Chevreuſe s'étoient portées ſur la mer, la Reine n'ayant pu m'y envoyer parce que j'étois demeuré malade à Fontainebleau en y arri-

vant ; mais à fon retour il eut ordre de fe retirer. Pour moi comme
je ne fongeois qu'à me tenir prêt ,
fuivant l'ordre de la Reine , pour
aller en Angleterre fçavoir des nouvelles de Madame de Chevreufe ,
quand j'aurois recouvré ma fanté ,
auffi - tôt qu'on fçauroit que cette
Dame feroit accouchée , tout changea de face avant cela ; il fallut partir pour un voyage à la verité moins
long , mais bien plus fâcheux , à
quoi je ne m'attendois pas ; car
n'ayant point été chez la Reine le
jour que tous les difgraciés eurent
leur congé , à caufe de mon indif-
pofition , je n'appris cette nouvelle
que fur le foir que Pecherat , Chirurgien du corps de la Reine , me
venant faigner , me la raconta , &
me dit de plus qu'il couroit un bruit
que j'étois du nombre des malheureux. Cela me fit faire un effort ;
je me levai , & le lendemain j'allai

B 3

au lever de la Reine que je trouvai fort trifte. Dans ce même temps le P. Segueran vint chez elle pour la feconde fois , pour lui dire que le Roi vouloit qu'elle ôtât encore d'auprès d'elle un de fes Domeftiques qui s'appelloit *La Porte*. La Reine me regarda fort triftement , & dit au P. Segueran qu'il dit au Roi qu'elle le fupplioit de nommer tous ceux qu'il vouloit ôter d'auprès d'elle , afin que ce ne fut plus à recommencer.

Madame de la Boiffiere prit auffitôt la commiffion de me faire ce commandement , ce qui furprit la Reine de voir qu'elle s'empreffoit pour une affaire de cette nature. En effet elle me preffa fi vivement qu'il fembloit qu'elle rendoit un fervice confidérable à l'Etat , & qu'il ne feroit pas en fureté , tant que je ferois à Fontainebleau : je ne pus obtenir d'elle que deux heures tout

malade que j'étois, & il fallut partir
sans prendre congé de la Reine,
ce qui m'affligea beaucoup.

Lorsque je fus à Paris S. M. m'envoya quelque argent par Gaboury,
avec un ordre à Mr. Feydau, Intendant de sa Maison, pour m'en donner encore : elle commanda à M. le
Comte d'Estain, Enseigne de sa
Compagnie de Gendarmes, de m'y
donner une place qu'elle voulut que
j'acceptasse, en attendant que les
affaires s'accommodassent.

J'allai à Bar sur Aube où la Compagnie étoit en garnison, & là,
je fis une étroite amitié avec le
Baron de Ponthieu qui en étoit Guidon, laquelle ne me fut pas inutile
dans une occasion qui se présenta
pour servir la Reine, comme il se
verra par la suite.

Aussi-tôt que je sçus que Madame de Chevreuse étoit de retour
d'Angleterre, je revins à Paris dans

l'intention de rentrer à la Cour par son moyen, elle me donna d'abord de l'espérance, & m'obligea même en 1626. de faire le voyage de Nantes *incognitò*, ce que je fis avec beaucoup de peine n'osant paroître que la nuit ; mais la prison de Mrs. de Vendôme à Blois, & la mort de Mr. de Chalais à Nantes, firent voir à tout le monde qu'elle étoit bien éloignée d'être en état de faire la paix des autres, & ensuite elle-même eut ordre de se retirer de la Cour, avec le choix d'aller avec Madame la Vidame d'Amiens, ou en Lorraine, & elle choisit ce dernier parti.

Nous revînmes à Paris où Madame de Chevreuse ne fut pas plutôt arrivée qu'on apprit l'éxécution de Mr. de Chalais qui fut fort cruelle, parce qu'ayant fait évader le Bourreau, on fut obligé de la faire faire par un Soldat qui le massacra de telle sorte qu'il lui donna vingt-deux coups avant de l'achever. Madame de Chalais sa mere monta sur l'échaffaut, & l'assista courageusement jusqu'à la mort.

On parla diversement de son crime : les uns disoient qu'il avoit voulu tuer le Roi, & que la Reine qui étoit de ce complot devoit épouser Monsieur, & ceux qui ont eu cette imagination l'ont poussée jusqu'à dire que plusieurs fois M. de Chalais étant maître de la garderobe avoit tiré le rideau du lit du Roi, comme il dormoit pour éxécuter son dessein, & qu'il en avoit été empêché par un certain respect, qui lui arrêtoit le bras lorsqu'il envisageoit Sa Majesté. Tout cela est ridicule ; & ce qui fait voir la fausseté de ce discours, c'est que le maître de la garderobe ne demeure pas dans la chambre du Roi pendant qu'il dort, mais le premier Gentilhomme de la

chambre, ou le premier Valet de
chambre, lequel ne fort jamais,
lorfque le Roi eft au lit : d'autres
difoient plus vraifemblablement que
Mr. de Chalais avoit confeillé à
Monfieur de prendre le parti des
Huguenots pour empêcher fon mariage avec Mademoifelle de Montpenfier qui fut fait à Nantes peu
de jours avant la mort de M. de
Chalais.

Le Roi eut foupçon que la Reine
étoit de cette cabale, car avant de
partir de Nantes Sa Majefté tint un
grand Confeil, avec la Reine mere,
& Mr. le Cardinal de Richelieu,
où la Reine fut mandée : je ne fçais
pas précifément ce qui s'y paffa,
mais je fçais bien que le Roi lui fit
donner un petit fiége pliant, & non
pas un fauteuil, comme fi elle eût
été fur la fellette, & elle fut inter-
rogée comme une criminelle : la
Reine mere la confola néanmoins,
& les chofes s'adoucirent.

Madame de Chevreuse eut deffein de me mener avec elle en Lorraine ; mais comme je ne voulois pas quitter le poste où la Reine m'avoit mis, je m'en retournai à l'armée aussi-tôt qu'elle fut partie, & n'en revins que l'année suivante 1627.

En arrivant à Paris j'appris que Madame étoit accouchée d'une fille & qu'elle étoit en grand danger : elle mourut deux jours après , & l'on vit périr tant de belles espéranees qu'elle pouvoit avoir se voyant grosse & la Reine sans enfans , ce qui lui attiroit une Cour qui donnoit de la jalousie à la Reine. S. M. la fut voir inhumer à Saint Denis *incognitò*, & il y a eu des gens assez méchans pour dire que cette démarche étoit un effet de la joye qu'elle avoit de cette mort ; mais cela est sans apparence à son égard, & quand elle n'auroit pas été aussi pieuse

B 6

qu'elle étoit, son esprit étoit si
éloigné de la vengeance que je me
suis étonné cent fois comment elle
a pu pardonner à ses plus grands
ennemis lorsqu'elle a eu le plus de
pouvoir de les perdre.

En 1628. le Roi fut fort malade
à Villeroi, où la Reine l'étant allée
voir, Mr. d'Humieres, premier
Gentilhomme de la chambre en année, la fit entrer sans demander, ne
croyant pas que le commandement
qu'on lui avoit fait de ne laisser entrer personne s'étendît jusqu'à la
Reine : il eut ordre de se retirer,
ce qui fit voir que le Roi n'étoit
point encore revenu de l'affaire de
Nantes. Le Roi s'en retourna à la
Rochelle aussi-tôt qu'il fut gueri,
pour en continuer le Siége, & là
Mr. le Cardinal de Richelieu lui
découvrit une ligue qui s'étoit faite
pendant sa maladie, entre le Roi
d'Angleterre, les Ducs de Lorrai-

ne, de Savoye, de Baviere, & l'Archiduchesse. Madame de Chevreuse étoit de cette intrigue, qu'elle apprit à la Reine à qui elle ne déplut pas, à cause de la maniere dont elle étoit traitée. Le Roi d'Angleterre qui y avoit été engagé par le Duc de Boukingham qui vouloit par ce moyen prendre sa revanche du mauvais succès que les Anglois avoient eu dans l'Isle de Rhé, envoya pour conclure cette ligue Mylord Montaigu, depuis Catholique, Prêtre, Abbé, & dévot, vers tous ces Princes. M. le Cardinal envoya ordre de la part du Roi à M. de Bourbonne dont la maison est sur les frontieres du Barrois par où devoit passer Mylord Montaigu, de le faire observer, & de l'arrêter s'il pouvoit, ce qu'il exécuta de cette maniere.

Il fit déguiser deux Basques, qu'il avoit en compagnons de métier, qui

couroient le pays, lesquels suivirent
partout Mylord Montaigu , tantôt
de près , tantôt de loin , ainsi que
la commodité le leur permettoit ,
& qu'ils le jugeoient à propos.
Pour ne lui pas donner de soupçon,
lorsqu'il fut dans le Barrois à son
retour , & qu'il approcha le plus
près de la frontiere de France , &
de la maison de M. de Bourbonne ,
un de ses Basques le vint avertir ;
aussitôt avec dix ou douze de ses
amis il se rendit à son passage , &
l'arrêta avec un Gentilhomme nommé Okenkam , & un Valet de
Chambre dans la valise duquel étoit
tout le traité de cette ligue ; il les
mena souper à Bourbonne , & de-là
coucher dans le Château de Coiffy ,
qui est assez bon pour n'être pas
pris d'insulte ; & comme l'on craignoit les troupes de Lorraine qui
étoient en grand nombre , dans le
Barrois , les troupes de Bourgogne

& de Champagne eurent ordre de
s'y rendre, pour de-là conduire ce
prisonnier à la Bastille, & la Compagnie des Gendarmes de la Reine,
où S. M. m'avoit mis, fut du nombre de ces troupes.

Cette nouvelle mit la Reine en
une peine extrême craignant d'être
nommée dans les papiers du Mylord, & que cela venant à être découvert, le Roi avec qui elle n'étoit
pas encore en trop bonne intelligence ne la maltraitât & ne la renvoyât en Espagne, comme il auroit
fait assurément : ce qui lui donna
une telle inquiétude qu'elle en perdit le dormir & le manger.

Dans cet embarras elle se souvint que j'étois dans sa Compagnie
de Gendarmes qui devoit être du
nombre des troupes commandées
pour la conduite du Mylord ; c'est
pourquoi elle s'informa à Lavau où
j'étois, & par bonheur étant venu

paſſer le Carême à Paris, il me
trouva & me conduiſit après mi-
nuit dans la chambre de la Reine,
d'où tout le monde étoit retiré ;
elle me dit la peine où elle étoit,
& que n'ayant perſonne à qui elle
ſe put fier, elle m'avoit fait chercher croyant que je la ſervirois en
cette occaſion avec affection & fidélité, que de ce que je lui rappor-
terois dépendoit ſon ſalut ou ſa
perte : elle me dit toute l'affaire &
qu'il falloit que je m'en allaſſe à ſa
compagnie où, dans la conduite que
nous ferions de Mylord Montaigu,
je ferois enſorte de lui parler, & de
ſçavoir de lui, ſi dans les papiers
qu'on lui avoit pris, elle n'y étoit
point nommée, & que ſi d'avanture il étoit interrogé lorſqu'il ſeroit
à la Baſtille, & preſſé de nommer
tous ceux qu'il ſçavoit avoir eu
connoiſſance de cette ligue, il ſe
gardât bien de la nommer. Enſuite

elle me fit beaucoup de belles promeffes à la maniere des grands,
lorfqu'ils ont affaire à des petits;
de forte que je partis fans attendre
le jour.

J'arrivai à Coiffy comme les troupes en partoient, au milieu defquel-
les étoit Mylord Montaigu fur un
petit bidet, fans épée & fans éperons, & j'appris qu'on avoit mandé
à celui qui commandoit les troupes
de *Lorraine* dans le Barrois qu'au
fortir de Coiffy on tireroit deux
volées de canon du Château pour
fignal qu'on emmenoit le prifonnier, & que s'ils avoient deffein de
s'y oppofer on les attendroit, ce que
l'on fit; car on fe mit en bataille,
& on leur donna affez de temps
pour leur donner moyen de le fe-
courir; mais elles ne fortirent point
de leurs quartiers, & nous marchâmes avec huit ou neuf cens chevaux commandés par Meffieurs de

Bourbonne & de Boulogne, son
beau-pere.

Lorsque j'arrivai à Coiffy le Baron de Ponthieu, Guidon de ma
Compagnie duquel j'ai parlé ci-
deffus, qui étoit fort serviteur de la
Reine, se douta bien que la diligence avec laquelle j'étois venu
avoit un autre objet que d'être à la
conduite du prisonnier, & même il
m'en témoigna quelque chose, à
quoi je ne contredis point ; car j'a-
vois affaire de lui pour me faciliter
l'approche du Mylord qui étoit fort
observé : il me retint auprès de lui,
& comprenant bien en quoi il me
pourroit servir sans m'en demander
davantage, il ne voulut point que
j'allasse au quartier de la Compagnie, pour me donner lieu de demeurer tous les soirs avec le prisonnier, que l'on faisoit jouer souvent avec M. de Bourbonne, & les
Officiers des troupes qui le con-

duifoient. Je ne manquois pas un
foir de me trouver à fon logis, & le
Mylord m'ayant apperçu & reconnu fe douta bien que j'étois venu
pour lui parler, & que la Reine
étoit en peine ; mais il n'y avoit pas
moyen que je lui parlaffe fans hazarder de tout perdre : le Baron de
Ponthieu nous obfervoit & fut enfin confirmé dans l'opinion qu'il
avoit eue d'abord que j'étois venu
pour parler au Mylord, & croyant
rendre un fervice à la Reine, fans
fçavoir quel il étoit. Un foir qu'il
manquoit un quatriéme à ces Meffieurs pour jouer au Reverfis, il me
demanda fi je fçavois ce jeu, & lui
ayant dit que je le fçavois un peu,
il me fit affeoir entre lui & le Mylord qui en fut ravi, & qui auffitôt
me marcha fur le pied ; je lui rendis
fur le champ fon compliment de la
meme maniere ; puis nous jouâmes,
& étant apprivoifés, il pris fujet de

me parler tous les jours , & ainſi
nous accoutûmâmes tous les ſurveillans à mon viſage ſans qu'ils ſe
doutaſſent de rien : je lui dis la peine où étoit la Reine : à cela il me
répondit qu'elle n'étoit nommée ni
directement ni indirectement dans
les papiers qu'on lui avoit pris , &
m'aſſura que s'il étoit interrogé , il
ne diroit jamais rien qui lui pût
nuire , quand même on le devroit
faire mourir. Ce fut aſſez : je conti-
nuai toujours à me trouver les ſoirs
pour voir jouer ces Meſſieurs afin
que rien ne parut affecté , & quoique je ſçus l'impatience où étoit la
Reine, je ne voulus point prendre
les devans de peur que cela ne fut
remarqué : je ſuivis toujours le con-
voi , & étant arrivé à Paris le jour
du Vendredi Saint, on mit le pri-
ſonnier à la Baſtille, & je fus ra-
mené par Lavau la nuit au Louvre.
Je trouvai la Reïne fort affligée , &

extrêmement ennuyée de la longueur de mon voyage. Mais après lui avoir rendu un compte exact, lui avoir fait entendre que la chose étoit fort délicate, & particulierement à un homme chaſſé de la Cour ; qu'après avoir parlé à Mylord Montaigu je n'avois pas oſé quitter la Compagnie pour la venir ôter de peine, de peur de donner à connoître que je n'étois allé que pour cela, elle approuva ma conduite. Mais après que je lui eus dit la réponſe de Montaigu, elle treſ-ſaillit de joye, & me réitéra toutes les belles promeſſes qu'elle m'avoit faites avant de partir, me diſant que ce ſervice étoit le plus grand & le plus important qu'on lui put jamais rendre.

La découverte de cette intrigue & la priſe de la Rochelle diſſiperent tous les deſſeins des Princes ligués, & Mylord Montaigu demeura encore quelques années à la Baftille.

L'année fuivante qui étoit ce me semble 1629. les affaires de Lorraine se brouillerent, & pour les pacifier, Mr. de Ville frere de Mr. de Bourbonne, dont nous avons parlé, alloit fans ceffe de Lorraine à la Cour, & de la Cour en Lorraine fans pouvoir rien faire, fi bien que la négociation étant ceffée, le Duc de Lorraine mal informé de ce qui fe paffoit à la Cour contre lui, donnoit dans tous les panneaux qu'on lui tendoit. La Reine pouffée par l'inclination qu'elle avoit pour Madame de Chevreufe, & par pitié pour ce pauvre Prince, à qui elle fçavoit que ces chofes arrivoient par les artifices de M. le Cardinal leur ennemi commun, chercha toutes les voyes de l'obliger en lui donnant tous les avis qu'elle pouvoit, & pour cela elle me fit chercher par

Lavau. Il lui fut aifé de me trouver, car j'étois demeuré malade à Paris, & je ne faifois que commencer à fortir de la chambre quand il me vint dire qu'il falloit aller au Louvre à l'heure ordinaire, où la Reine me dit qu'elle vouloit avertir le Duc de Lorraine d'une chofe fort importante, mais qu'il falloit qu'il reçut fa lettre avant que la Mazure qui y alloit de la part de la Reine mere y arrivât, & que fi je le rencontrois au retour je priffe bien garde d'être reconnu. J'arrivai à Nancy, je donnai mes lettres, j'eus réponfe, & j'étois parti avant que la Mazure fut arrivé; car je le trouvai à Ligny en Barrois, mais m'étant écarté du chemin il ne put me reconnoître.

La Reine fort fatisfaite me redoubla fes promeffes qui auroient pû donner de grandes efpérances à un homme ambitieux. Je m'en retournai à la garnifon, où quelque

temps après nous eûmes ordre de
marcher avec armes & bagages à
Ville - Juive, & nous trouvâmes
quinze cens chevaux de différentes
Compagnies à ce rendez-vous sans
sçavoir pourquoi ; mais auffi - tôt
nous y vîmes arriver la Reine mere
en litiere, & la Princeffe Marie dans
le carroffe du corps qui fuivoit
avec toutes les Dames : tout cela
marchoit entre la Cavalerie légere
& la Gendarmerie, & nous allâmes
en cet ordre jufqu'à l'entrée de la
forêt de Fontainebleau, où nous
trouvâmes les Gendarmes du Roi,
les Chevaux legers de la Garde,
& les Moufquetaires du Roi qui
acheverent de conduire la Reine
mere & cette Princeffe à Fontainebleau où le Roi les attendoit. On
nous dit que Monfieur étoit amoureux de cette Princeffe, la Reine
mere avoit eu peur qu'il ne l'enle-
vât ; car elle ne vouloit point ce mariage,

riage, à cause de l'aversion qu'elle
avoit toujours euë pour M. de Nevers, parce que, disoit-on, lorsé-
que le feu Roi Henri IV. la voulut épouser, il l'en avoit dissuadé de
tout son pouvoir, jusqu'à dire qu'il
l'avoit refusé lui même. Dans notre
marche il arriva un accident que je
ne veux pas obmettre, quoiqu'il
semble être hors de mon sujet,
il fait connoître jusqu'où va la
foiblesse des grands. Un des mulets qui portoit la litiere de la
Reine, tomba dans la plaine de
long boyau, il ne fut pas plutôt
relevé que S. M. envoya un de ses
Gentilshommes nommé Desgarets
à Paris, pour sçavoir d'un Italien
nommé Nerly qui étoit à Madame
de Combalet, à présent Madame
d'Eguillon, lequel se mêloit de faire
des horoscopes, ce que signifioit la
chute de son mulet, tant elle étoit
prévenue de la vaine science de ces
Charlatans. C

Le Duc de Mantoue mourut l'année suivante 1630. mais le Duc de
Nevers à qui ses Etats appartenoient n'en put obtenir l'investiture
de l'Empereur; cela alluma la guerre entre lui & le Roi qui avoit pris
ce Prince sous sa protection, & qui
pour cet effet s'en étant allé à Lion y
tomba si malade qu'il en pensa mourir : j'y passai dans ce temps-là avec
la Compagnie des Gendarmes de la
Reine qui alloit servir dans l'armée
du Maréchal de Marillac, chacun
sçait ce qui se passa à Lyon & dans
l'armée d'Italie, ou le Maréchal de
Marillac fut arrêté prisonnier, &
comme le Sieur Mazarin depuis
Cardinal fit la paix devant Cazal,
& en fit partir les Espagnols ainsi
que de tout le Montferrat par une
ruse, lorsque nous étions prêts à le
faire par la force. Je revins ensuite
à Paris après avoir enterré à Veil-
lane M. de Ponthieu mon bon ami
qui mourut de maladie.

A mon arrivée pour augmentation d'affliction j'appris que Madame du Fargis Dame d'Atour de la Reine venoit d'être disgraciée, avec Monfieur & Madame de Lavau-Irlan qui étoient auffi à la Reine, & mes amis particuliers. Le fujet de ce fâcheux accident fut que M. le Cardinal ayant toujours entretenu la divifion par fes pratiques entre la Reine mere & la Reine, croyant cela néceffaire à fes deffeins où je ne veux point pénétrer, Madame du Fargis reconcilia les deux Reines, lefquelles s'étant déclaré réciproquement tout ce que M. le Cardinal avoit dit à l'une pour l'animer contre l'autre, la Reine mere indignée fit une cabale contre lui & prit fon temps de la maladie du Roi à Lyon, pendant lequel elle ne manquoit pas de gens qui venoient s'offrir à elle, par les prétentions qu'ils avoient en cas que le Roi mourût.

& même après la convalescence de
Sa Majesté, & son retour à Paris,
elle se déclara ouvertement contre
S. E. ce qui fit qu'une grande partie de la Cour s'alla encore offrir à
elle, esperant la voir bien-tôt maîtresse, de quoi elle fut fort près,
mais quelques jours après ayant accompagné le Roi à Versailles pour
l'entretenir plus commodément &
M. le Cardinal n'ayant osé suivre
S. M. Le Cardinal de la Valette lui
dit qu'il avoit grand tort de quitter
la partie, il le crut, s'y en alla, &
étant entré hardiment ou le Roi &
la Reine mere étoient seuls, il les
surprit tellement & mit la Reine
mere en un si grand desordre,
qu'elle ne pût rien répondre à tout
ce qu'il dit au Roi, ainsi il lui fut
aisé de dissiper tous les desséins de
cette cabale, dont les auteurs furent si bien pris pour dupes, que la
journée ou cela arriva, fut tou-

jours depuis nommée *la journée des dupes.*

Cette avanture remit M. le Cardinal dans l'esprit du Roi où son crédit avoit été fort ébranlé, & l'y confirma si bien qu'il eut même les moyens de perdre tous les auteurs de cette intrigue, & il remonta jusqu'à la premiere cause : je veux dire Madame du Fargis qui se retira à Nancy, & Mr. & Madame de Lavau-Irlan à qui l'on ne permit pas d'être ensemble, de sorte qu'elle fut au Bourget & lui à Montreuil près Vincennes où je l'accompagnai, & séjournai un mois avec lui, & là nous apprîmes que la Cour alloit à Compiegne.

Madame de Lavau qui se tenoit toujours le plus près de la Cour qu'elle pouvoit, afin d'avoir des nouvelles de son mari, & de ce qui se passoit à la Cour, m'engagea pour cet effet d'aller encore avec eux à

C 3

une maison près de Compiegne appellée le Pleſſis des Rois, qui étoit
au feu Baron de Ponthieu, où elle
eut facilement la liberté de ſe loger,
ils me chargerent d'une lettre pour
la Reine, mais étant diſgracié, je
n'oſois me montrer. Je priai Gaboury de me loger à ſon logis, &
de donner cette lettre à la Reine, ce
qu'il fit, mais je n'en pus avoir de
réponſe à cauſe du grand changement qui arriva à la Cour, en ce
temps-là qui étoit au commencement de l'année 1631. ce qui em-
barraſſa fort la Reine. Voici comment cela arriva.

M. le Cardinal de Richelieu s'é-
toit rétabli dans l'eſprit du Roi ;
mais craignant que la Reine mere
ne fit de nouveaux efforts pour l'y
ruiner, il prit le deſſein de la faire
ſortir du Royaume ; pour en venir
à bout & perdre en même temps
ceux qui s'étoient attachés à elle à

son préjudice, il fit trouver bon au Roi de la faire arrêter à Compiegne: pour couvrir ce deſſein, il fit courir le bruit que la Cour alloit paſſer tout l'hyver en cette Ville, & que l'on s'y divertiroit admirablement bien, ce que tout le monde crut aiſément par les appareils de machines pour les ballets & comédies qu'il y fit porter, pour couvrir encore ſon jeu, il s'aviſa d'un tour d'eſprit très-ſubtil, qui fut voyant M. de Baſſompierre de lui demander ce qu'on diſoit à Paris. M. de Baſſompierre lui répondit que tout le monde jugeoit par les préparatifs que la Cour paſſeroit agréablement l'hyver à Compiegne. Ne ſçavez-vous que cela, lui repartit M. le Cardinal, il y a bien d'autres nouvelles, on va arrêter la Reine mere, & mettre M. de Baſſompierre à la Baſtille; il lui dit encore en riant d'autres choſes qu'il avoit deſſein

de faire, afin que la Reine & M. de
Baſſompierre apprenant ces nouvelles d'ailleurs les regardaſſent comme de faux bruits, & ne priſſent
aucunes meſures pour parer le coup
qu'il vouloit leur porter ; cette ſub-
tilité lui réuſſit ; la Reine mere ni
ſes affidés ne ſe douterent de rien,
& ainſi ils furent pris pour dupes.

Le Roi s'en retourna à Paris, laiſ-
ſant la ville de Compiegne à la Reine
mere pour priſon, ſous la garde de
M. le Maréchal d'Eſtrées; mais comme cette Princeſſe n'avoit rien fait,
qui lui put faire raiſonnablement
appréhender un plus mauvais traitement ; on lui dreſſa un piége qui
fut cauſe de ſa perte. Quelques-uns
des ſiens gagnés par ſes ennemis lui
perſuaderent que ſi elle alloit à Paris, elle ne ſeroit point en liberté,
qu'on lui donneroit des gardes même dans ſa maiſon ; & l'engagerent
à ſe retirer en Flandre où ils lui

firent croire qu'elle trouveroit près de la Capelle une armée de dix mille hommes pour la recevoir, & la venger auſſi-tôt de ſes ennemis. Pour s'en éclaircir elle-même elle envoya ſur les lieux un de ſes Gentilshommes qui étant auſſi gagné lui rapporta avoir vu cette armée en très-bon état qui l'attendoit.

M. Cottignon Secrétaire de ſes commandemens , homme d'honneur, franc & libre, ſe défiant de ces belles apparences eut beau la diſſuader, & lui dire que les eſpérances qu'on lui donnoit étoient auſſi mal fondées, que la peur qu'on lui vouloit faire de mauvais traitemens de la part du Roi : qu'allant chez elle à Paris, elle étonneroit ſes ennemis qui ne ſouhaitoient rien plus ardemment que ſa ſortie hors du Royaume, quoiqu'on fit ſemblant de la retenir priſonniere, ce qui la perdroit aſſurément ; elle ne le voulut point

C 5

croire; elle s'évada, ce qui lui fut fort aifé, & fe retira en Flandres ou au lieu d'une armée, elle ne trouva que des malheurs, & périt enfin miférablement.

Outre ce changement il en arriva un autre qui fut qu'à la place de Madame du Fargis, on choifit pour Dame d'Atour de la Reine, Madame de la Flotte, afin d'attirer à la Cour Mademoifelle d'Hautefort fa petite-fille dont le Roi étoit amoureux, & à qui il donna la furvivance de cette charge quelque temps après.

Dès que j'eus appris cette nouvelle, je m'en allai promptement trouver mes amis au Pleffis des Rois, à qui l'ayant appris, ils en furent fort furpris & fort affligés: nous retournâmes au Bourget voyant que la Cour revenoit à Paris où je fus quelque tems après; & cependant Cerelle Médecin du Roi qui venoit

de Nanci voir Madame du Fargis
vint au Bourget rendre compte de
son voyage à Monsieur & Madame
de Lavau, mais comme il alloit à
Paris, il fut arrêté par le chevalier
du Guet, qui le fouillant, lui trouva des lettres de Madame du Fargis
pour plusieurs personnes avec un
horoscope du Roi, ce qui le fit con-
damner aux galeres, quoiqu'il dit
qu'un Médecin devoit avoir l'horoscope de son maître; il y demeura jusqu'au commencement de la
Régente, que, revenant comme tous
les autres éxilés par ordre de la
Reine, il mourut en chemin. Madame de Lavau pour l'avoir vu au
Bourget fut envoyée à Poitiers, où
son mari l'étant allé trouver peu
après, elle y mourut de la peste,
& eut cet avantage en mourant que
la Reine la pleura, & en eut un
extrême regret, aussi étoit-ce une
personne qui valoit beaucoup.

C 6

Je fus fort heureux de ne m'être
point trouvé à cet entrevûe du
Bourget ; car assurément il me seroit arrivé un semblable malheur ;
mais j'en étois parti sur ce que Madame de Chevreuse étoit appellée à
la Cour, où M. le Cardinal en avoit
affaire pour ses négociations avec
le Duc de Lorraine. Ce retour me
fit esperer de rentrer dans ma charge , parce que je n'avois été éloigné
qu'à cause d'elle & des Anglois ;
comme je l'ai dit ci-dessus. Je la
fus trouver à Paris , elle me fit toutes les promesses imaginables , &
m'obligea de la suivre *incognito* à
Saint Germain & à Fontainebleau:
mais après avoir reconnu qu'elle
craignoit de se charger de mes affaires par la peine qu'elle se donnoit de
chercher des défaites, je perdis l'espérance de réussir par cette voye: néanmoins comme alors je n'en voyois

point d'autre, je diffimulai & feignis de croire tout ce qu'elle me
promettoit. Enfin, las de cette contrainte, comme je voyois peu de gens,
de ma connoiffance affez généreux
ou affez en crédit pour me protéger,
je fus obligé d'aller droit au Roi
même par le moyen de mon frere
aîné qui étoit connu de Sa Majefté,
il le fut trouver à Monceaux, &
d'abord que le Roi le vit, il lui
demanda ce que je faifois, ce qui
lui donna lieu de dire au Roi que
depuis fix mois que j'avois eu ordre de me retirer, je n'avois pris
aucun emploi que pour fon fervice,
que j'avois toujours fervi dans la
Compagnie des Gendarmes de la
Reine dans toutes les occafions qui
s'étoient préfentées, ce que le Roi
trouva fort bon, & lui demanda
ce qu'il defiroit de lui, mon frere le
fupplia d'avoir pour agréable, que
je rentraffe dans ma charge chez la

Reine, qu'ayant tout dépensé à l'armée, il ne me restoit plus que cela pour vivre ; il le lui accorda, & manda à Madame de Seneçay par le Comte de Nogent qu'elle me reçut dans ma charge, & que j'avois fait une assez grande pénitence pour des péchés que je n'avois pas commis. M. de Nogent y alla, & Madame de Seneçai dès le soir même me présenta à la Reine qui en fut fort surprise, & me témoigna que si elle avoit eu du crédit, je n'aurois pas été si long-temps hors de son service ; mais que si elle eût fait voir l'envie qu'elle en avoit, la chose n'auroit jamais pu réussir. Madame de Chevreuse fut fort étonnée, & me dit de l'aller voir à sa chambre, ce que je fis : elle me témoigna être ravie de mon rétablissement, & me demanda par quel moyen j'en étois venu à bout : je ne pus m'empêcher de lui dire que c'étoit fans en avoir obligation à perſonne qu'au Roi ; elle me dit cent choſes obligeantes que je feignis de croire pour ne pas rompre tout-à-fait avec elle ; & afin de ne l'avoir pas pour ennemie, parce que la Reine l'aimoit toujours, & que d'ailleurs elle étoit bien en apparence dans l'eſprit du Roi & de S. E. qui s'en ſervoit pour les négociations qu'il avoit entamées avec le Duc de Lorraine.

La Cour étant à Monceaux au commencement de l'Automne de cette année 1631. il arriva une choſe qui confirma l'opinion qu'on avoit de la faveur de Madame de Chevreuſe, Mr. de Montmorency étant allé voir Madame de Montbazon de laquelle on diſoit que M. de Chevreuſe étoit amoureux, ils s'amuſerent à faire des Valentins rimés, chacun y travailloit, & M. de Montmorency en fit un ſur M. de Chevreuſe, qui pour lors avoit

mal à un œil & à une dent, que
voici :

Monsieur de Chevreuse
L'œil pourri, & la dent creuse.

M. de Chevreuse en fut averti, &
se trouvant à quelques jours de - là
chez la même Dame où étoit M. de
Montmorency, il prit occasion de
parler des Valentins, & dit qu'on
en avoit fait un sur lui ; mais que le
Poëte étoit un grand coquin de n'a-
voir osé mettre son nom, & que
s'il le sçavoit il le traiteroit comme
il le méritoit. A tout cela M. de
Montmorency ne répondit rien ;
mais le lendemain il envoya M. le
Marquis de Praslin appeller M. de
Chevreuse, qu'il trouva sur les six
heures au cercle chez la Reine, laquelle remarqua bien qu'ils étoient
sortis avec quelque dessein. M. de
Chevreuse prit son Ecuyer, nommé

la Chauſſée, pour lui ſervir de ſecond contre M. de Praſlin. Ils ne
purent aller juſques dans la baſſe-
cour du Château, parce qu'ils s'apperçurent qu'on les obſervoit, ſi
bien qu'ils mirent l'épée à la main
entre les Corps des Gardes Françoi-
ſes & Suiſſes, qui en même temps
prirent les armes & les inveſtirent;
mais il ne purent ſitôt les arrêter
qu'ils ne ſe fuſſent allongé quelques eſtocades. M. de Montmorency s'appercevant qu'il ſortoit quantité de gens du Château avec M. du
Hallier à leur tête, donna promptement ſon épée à un Gentilhomme
qui ſe trouva auprès de lui ; afin
qu'il ne fut pas ſurpris l'épée à la
main, & M. de Chevreuſe alla
pour ſéparer ſon Ecuyer qui avoit
porté M. de Praſlin par terre & le
tenoit ſous lui: comme ils faiſoient
tous des efforts, M. de Praſlin pour
ſe tirer de deſſous, la Chauſſée pour

l'en empêcher , & M. de Chevreuſe
pour les ſéparer , il tomba ſur eux ,
d'où nous le relevâmes , la Riviere
Contrôleur - Général de la Maiſon
de la Reine & moi , & après nous
ſéparâmes ces Meſſieurs qui nous
furent ôtés en même tems par les
Gardes qui les conduiſirent dans le
Château , ou M. de Montmorency
avoit déja été mené par du Hallier,
M. de Chevreuſe monta à cheval
& ſe ſauva ; mais après que M. le
Cardinal eut aſſuré Madame de
Chevreuſe qu'il pouvoit revenir en
ſûreté , il vint dans la chambre au
Château , où on lui donna pour la
forme M. de la Coſte , Enſeigne
des Gardes du Corps pour le garder. M. de Saint Simon , pour lors
premier Gentilhomme de la Chambre & Favori , demanda M. de
Montmenrency, & dit qu'il en répondoit , ce qui lui fut accordé , & on
lui donna un Exempt des Gardes,

Sur ce différent la Cour se trouva partagée tout d'un côté & presque rien de l'autre. Je ne vis que M. de Rambouillet & quelques Gentilshommes s'aller offrir à M. de Chevreuse ; mais il eut M. le Cardinal & M. de Chateauneuf. Un grand Conseil fut tenu le lendemain, au sortir duquel M. de Praslin & la Chaussée furent envoyés à la Bastille, le lendemain M. de Montmorency à sa maison de Chantilli, & un jour ou deux après M. de Chevreuse à sa maison de Dampierre, où ils furent quinze jours ou trois semaines. Lorsqu'on les rappella à la Cour, on fit revenir M. de Chevreuse deux ou trois jours avant M. de Montmorency, auquel cette différence fut très-sensible ne s'attendant à rien de pareil de la part de M. le Cardinal qui lui avoit de grandes obligations. Quoiqu'on eût fait sortir Monsieur de Praslin & la

Chauffée de la Baſtille, il embraſſa
la premiere occaſion qui ſe préſenta
de faire éclater ſon reſſentiment,
qui fut lorſque Monſieur s'étant retiré en Lorraine, & de-là en Flandres dans le deſſein de faire un parti
pour la Reine mere, il s'en alla lever des troupes pour S. A. R. en
ſon Gouvernement de Languedoc,
où il périt de la maniere que chacun
ſçait en 1632.

Lorſqu'il fut pris le Roi partit
pour Lyon ; & cependant la Reine
m'envoya de Nevers à Bourges,
trouver Madame la Princeſſe ſa ſœur
pour lui témoigner la part qu'elle
prenoit à ſon affliction, je rejoignis
la Cour à la Paliſſe, où je m'apperçus bien que mon voyage n'avoit pas
plu au Roi. Un peu après que nous
fûmes arrivés à Lyon, la Reine apprit la mort de l'Infant Dom Carlos
ſon frere, ce qui mit toute la Cour
en deuil, & ce chagrin fut encore

augmenté par la petite vérole qu'eut
Madame d'Haute-Fort qui l'empêcha de faire le voyage.

On fit mourir M. le Comte de
l'Eſtrange au Pont S. Eſprit, M. des
Hayes à Beziers, & M. de Montmorency à Toulouſe, tous trois preſque pour le même ſujet. Monſieur
de Montmorency fut décapité dans
l'Hôtel de Ville, les portes fermées;
& dès que l'exécution fut faite
on ouvrit les portes ; j'y vis entrer
le peuple en grande foule ramaſſer
tout ſon ſang dans leurs mouchoirs,
& emporter les ais de l'échaffaut,
où il en étoit encore reſté ; tant il
étoit aimé des peuples de ſon Gouvernement, & la préſence du Roi à
Toulouſe n'empêcha point le peuple de cette Ville de lui rendre ce
témoignage d'affection. Mais ce que
j'admirai davantage fut le procédé
de M. de Chevreuſe, lequel paſſoit
pour ſon ennemi, tant pour les an-

ciennes jalousies de leurs maisons ;
que pour le démêlé dont je viens
de parler , & qui fut néanmoins le
seul avec Monsieur qui sollicitoit
ouvertement pour lui sauver la vie ,
à quoi n'ayant pû réuissir , il en eut
tant de regret , que je l'en ai vû
moi-même pleurer très-amerement,
& ce fut de cette mort que Monsieur prit prétexte de faire son second voyage en Lorraine & en
Flandres.

Après l'exécution de Monsieur de
Montmorency , le Roi s'en revint à
Versailles en toute diligence par le
Limosin. M. le Cardinal vint avec
la Reine , & prit la route de Guyen-
ne & de Poitou , dans le dessein de
lui faire une magnifique réception
à la Rochelle, mais Son Excellence
se trouva mal en chemin d'une re-
tention d'urine ; cependant nous arrivâmes à Cadillac, où M. d'Esper-
non traita la Reine & toute la Cour

trois jours de fuite avec une grande
magnificence. M. le Cardinal dont
le mal augmenta n'ofa s'y arrêter
qu'une nuit , crainte que M.
d'Epernon qui n'étoit pas fon ami
ne lui jouât un mauvais tour, il
crut y avoir donné bon ordre, car
il fe fit accompagner en ce voyage
par fes Gendarmes, Chevaux legers,
& Gardes de fon Corps, & de plus
encore par 1200. chevaux de l'Armée du Roi. Etant arrivés à Cadillac, *M.* d'Epernon fit loger toute
cette efcorte de l'autre côté de la
riviere, hormis les Gardes du Corps
& les Domeftiques qui ne trouve-
rent point de logis pour eux , &
M. d'Epernon difoit en raillant à la
Flêche, Maréchal de Logis de S. E.
logez bien les gens de M. le Cardinal,
mais ne logez pas les miens. En effet,
il avoit donné de fi bons ordres pour
que les gens de M. le Cardinal ne
fuffent point logés, que M. de Ca-

huzat étoit logé chez le Maréchal
ferrant : ainſi tous ſes gens logerent
dans ſa chambre & dans ſon anti-
chambre , il délogea dès le grand
matin ſans avoir rien pris qu'un
bouillon qui n'étoit pas de la cuiſine
de M. d'Epernon, le prétexte de cette diligence fut la crainte de la marée , mais la vérité étoit que M. le
Cardinal ne ſe croyoit pas en ſûreté , où M. d'Epernon étoit le plus
fort , étant arrivé à Bordeaux , il y
demeura malade tout-à-fait.

La marée ſuivante la Reine partit
pour Bordeaux ; mais comme elle
ne ſe hâtoit pas , M. d'Epernon vint
le matin lui faire ce compliment :
*Madame , je ne vous veux pas faire
peur , ni vous chaſſer de chez moi ;
mais je vous avertis que la marée va
partir , & puiſqu'elle n'a pas attendu
S. E. je ne crois pas que V. M. doi-
ve eſpérer qu'elle l'attende.* La Reine
vint donc à Bordeaux où elle ne
demeura

demeura qu'un jour ; & elle en partit pour Blaye. Auffi-tôt après M.
d'Epernon vint à Bordeaux , où il
trouva S. E. fort malade , il l'alla
voir foigneufement tous les matins
avec deux cens Gardes qui l'accom-
pagnoient jufqu'à la porte de fa
chambre , où s'affeyant fur un fauteuil à côté de fon lit , il lui difoit :
Je ne viens point pour vous incommo-
der , mais pour fçavoir l'état de votre
fanté. Ce qui ne gueriffoit pas la
fiévre de S. E. qui craignoit qu'il
ne fe faisît de fa perfonne , & ne le
mît au Château Trompette, ce qu'on
prétend qu'il eût fait fans la croyance qu'il avoit qu'il ne réchapperoit
pas de cette maladie , & qu'il en feroit défait fans ufer de violence ;
mais s'il eut ce deffein, ce que je ne
veux pas croire , il fut fort trompé
dans la fuite.

La Reine étant allée de Blaye à
Paris , me renvoya à Bordeaux fça-

D

voir des nouvelles de la fanté de M. le Cardinal, curieufe de fçavoir s'il étoit fi mal qu'on le difoit ; elle & Madame de Chevreufe lui écrivirent. Je le trouvai entre deux petits lits fur une chaife, où on lui penfoit le derriere, & l'on me donna le bougeoir pour lui éclairer à lire les lettres que je lui avois apportées, enfuite il m'interrogea fort fur ce que faifoit la Reine , fi Mr. de Châteauneuf alloit fouvent chez elle, s'il y étoit tard, & s'il n'alloit pas ordinairement chez Madame de Chevreufe , à quoi je répondis en homme qui n'avoit connoiffance que des chofes que tout le monde fçavoit.

Après qu'il eut bien finaffé avec moi, & que j'eus fait l'ignorant autant qu'il me fut poffible , il m'envoya dîner ; mais j'allai voir auparavant M. le Maréchal deSchomberg qui étoit malade , ayant à lui

donner une lettre de Madame de
Liancourt, sa fille. Je le trouvai en
assez bonne santé, à ce qu'il croyoit,
& il me dit même qu'il alloit se lever
pour dîner avec M. l'Evêque d'Agen
son neveu, qui a été depuis Archevêque d'Alby, que je pouvois assurer sa fille qu'il étoit guéri, & qu'il
avoit bon appétit, qu'après qu'il auroit dîné, il me donneroit sa réponse : je fus pour la querir ; mais je le
trouvai mort. Un abscès ayant crevé
à la fin de son repas, l'avoit étouffé.

Je retournai chez M. le Cardinal,
qui m'avoit envoyé chercher pour
me donner sa réponse ; il sçavoit
déja cette mort dont je le trouvai
fort touché & fort allarmé, soit pour
la perte d'un homme qu'il croyoit
tout à lui ; soit parce qu'il en appréhendoit autant, n'étant pas guéri, ni en état de l'être si-tôt : il me
chargea de dire à la Reine, à Madame de Chevreuse, & à Monsieur

de Châteauneuf, qu'il les prioit de
faire ensorte que cette mort fut si
secrette que Madame de Liancourt
ne la sçût point parce qu'elle appor-
teroit du trouble à la fête qu'il vouloit donner à la Reine & à toute sa
Cour à la Rochelle, où il avoit envoyé M. le Maréchal de Meilleraye
& M. le Commandeur de la Porte
ses parens pour la recevoir. J'avois
aussi été voir M. d'Epernon à qui la
Reine m'avoit commandé d'aller faire un compliment de sa part, lequel
me fit donner une haquenée & un
laquais pour faire une commission
dans Bordeaux, car j'avois laissé
mes chevaux de poste à Blaye : il fit
ce qu'il put pour me faire accepter
cette haquenée, mais je m'en deffen-
dis, & je tins bon jusqu'à la fin,
n'ayant jamais aimé à recevoir que
de ma maîtresse.

Comme jeus repris mes chevaux
à Blaye, je n'eus pas fait deux pos-

tes, que je trouvai un Courrier de la part de M. le Garde des Sceaux de Châteauneuf, *nommé Lange*, qu'il m'envoyoit pour me hâter, car il étoit en grande impatience de sçavoir si son Eminence mourroit de cette maladie.

Je trouvai la Reine à Surgere ; mais comme il étoit trop matin pour lui parler, j'allai descendre chez M. de Châteauneuf, auquel je dis d'abord que S. E. se portoit mieux, qu'un Chirurgien nommé Minglesaux l'avoit fait uriner, & que toutes les opérations qu'on avoit faites depuis ce tems-là avoient bien réussi : je m'apperçus bien que ce récit ne lui plaisoit pas, & après lui avoir dit la mort de M. le Maréchal de Schomberg, il me parut surpris & touché, ce qui me fit croire qu'ils étoient amis, & qu'il y avoit intelligence entr'eux. J'allai de-là chez Madame de Chevreuse, où il se

D 3

rendit auffi-tôt, & peu de temps
après, on les vint avertir que la
Reine étoit éveillée : j'y allai avec
eux, & après avoir rendu compte à
S. M. de tout mon voyage, lui avoir
dit la fupplication que lui faifoit M.
le Cardinal, de tenir la mort de M.
de Schomberg fecrette, & lui avoir
rendu mes dépêches, je les laiffai en
confeil, où je crois qu'il n'y eut rien
de réfolu que de faire bonne mine,
& de montrer fur le vifage plus de
joye qu'ils n'en avoient dans le
cœur ; car leur ayant dit les interrogations que M. le Cardinal m'avoit
faites, ils dûrent croire qu'il foup-
çonnoit leur intrigue.

De Surgere nous allâmes à la
Rochelle, où la Reine, toute fa
Maifon & toute fa Cour furent trai-
tées trois jours de fuite avec toute
la pompe imaginable, il y eut toute
forte de plaifirs & de divertiffemens,
un combat naval, feux d'artifices,

bals , comédies , mufique de toute
efpèce. L'entrée fut admirable , &
la harangue que le Lieutenant Criminel fit à la Reine fut trouvée par
S. M. la plus belle qu'elle eût enten-
due depuis qu'elle étoit en France.

De la Rochelle la Reine s'en alla à
Poitiers , d'où elle m'envoya à Sau-
geon oû S. E. s'étoit fait porter après
la mort de M. de Schomberg , ne
croyant pas pouvoir demeurer à
Bordeaux en fûreté , Mr. d'Epernon y étant le maître , & la Cour
éloignée : auffi en étoit-il parti à fon
infçu , accompagné du Cardinal de
la Valette , fon fils , qui s'étoit entierement attaché à S. E. au préjudice de fon pere , au moins en apparence ; & cette évafion que j'ai
fçûe de M. de la Houdiniere , Capitaine des Gardes de S. E. qui y
étoit , fait bien voir la fauffeté de ce
qui eft rapporté à ce fujet dant l'hiftoire de M. d'Epernon. où il eft dit

D 4

qu'il accompagna le Cardinal juſqu'au batteau. Je trouvai S. E. un
peu mieux, mais non pas en état
de ſe pouvoir mettre en chemin;
dès le lendemain j'eus mes dépêches qu'il me donna lui-même en
me faiſant bien des careſſes, & me
queſtionnant toujours ſur la conduite de Madame de Chevreuſe,
& de M. de Châteauneuf.

A mon retour je trouvai la Reine à Amboiſe, d'où nous vînmes
droit à Paris, où étant arrivés, nous
apprîmes que M. le Cardinal étoit
en chemin, & la Cour alla enſuite
à St. Germain pour le recevoir, ce
qui ſe paſſa, ce me ſemble, vers la
fin de l'année.

Mr. le Cardinal qui avoit été
éclairci de la cabale que Madame
de Chevreuſe, & M. de Châteauneuf avoient faite pour le retour de
la Reine mere pendant le voyage &
ſa maladie, fit auſſi-tôt après arrêter

prisonnier Mr. de Châteauneuf &
lui fit ôter les Sceaux, M. d'Hauterive, son frere, se sauva sur l'avis
que lui donna Mr. le Comte de
Charost sans y penser, ce qui le
mit mal avec Son Eminence ; mais
après avoir fait voir son innocence,
& s'être offert d'aller à la Bastille,
on lui pardonna.

M. d'Hauterive eut une plaisante
avanture dans la suite ; car sur l'avis
de Mr. le Comte de Charost étant
allé chez son frere, où il vit les
Suisses de la Garde du Roi qui gardoient la porte, aussi-tôt sans changer un habit de velour noir & des
bottes blanches qu'il avoit, il monta
à cheval, & passant par Beaumont
où le Prévôt étoit en quête après
quelques voleurs qui avoient fait
un meurtre depuis deux jours, le
trouvant en équipage d'un homme
qui se sauve, il l'arrêta & le mit
en prison. Le Juge du Lieu l'étant

allé voir pour l'interroger le reconnut pour le frere de M. le Garde des Sceaux, apparemment parce qu'il paſſoit ſouvent par-là pour aller à ſon Gouvernement de Breda. Cela étant venu à la connoiſſance du Prévôt, & des Archers qui l'avoient arrêté, ils ſe vinrent jetter à ſes pieds & lui demander pardon, qu'il leur accorda volontiers pourvû qu'ils lui fiſſent donner des chevaux en diligence pour regagner le temps qu'ils lui avoient fait perdre, & qui avoit retardé les affaires du Roi, pour leſquelles il leur fit croire qu'il voyageoit, & qu'elles étoient ſi preſſées qu'il n'avoit pas même eu le temps de changer d'habit, en quoi il leur diſoit vrai ſans ſe faire entendre.

Cependant Mr. de Châteauneuf fut envoyé à Angoulême qu'on lui donna pour priſon, & où il demeura toujours depuis juſqu'à la fin du miniſtére.

Pour Madame de Chevreuse elle
demeura à la Cour, à cause du befoin qu'en avoit le Cardinal pour
fes affaires en Lorraine, car le Duc
de Lorraine excité par Monfieur
ayant voulu faire quelque mouve-
mens, la peur qu'on eut qu'ils n'at-
tiraffent l'Empereur dans leur parti,
fit qu'on fufcita les Suedois qui
étoient en Allemagne, & qu'on les
fit entrer en Lorraine. Le Duc de
Lorraine leva auffi-tôt une belle armée pour s'oppofer à cette incur-
fion ; mais le Roi pour le défarmer
fans coup ferir lui envoya l'Abbé du
Dorat qui étoit à M. de Chevreufe,
& Madame de Chevreufe même,
quoique cette négociation ne lui
plût pas ; cependant pour montrer
fon zéle à Mr. le Cardinal , agit
dans cette affaire contre fes propres
fentimens, ne croyant pas le Duc
de Lorraine fi facile ; mais elle fut
trompée, car l'Abbé du Dorat ayant

trouvé cetre Altesse à Strasbourg
avec son armée, fit si bien qu'il
l'engagea à la licentier, & l'Abbé
en eut pour récompense la Trésore-
rie de la Sainte Chapelle.

Cependant le Roi qui ne s'attendoit point à cela partit pour Metz,
& étant à Château-Thiery il m'envoya avec des lettres de Madame de
Chevreuse, trouver à Nancy M. le
Duc de Vaudemont, pere du Duc
de Lorraine, qui me fit bien connoître que les lettres que je lui avois
apportées étoient pour les obliger
de ne point s'opposer aux Suedois,
à faute de quoi il leur feroit la
guerre ; comme j'avois encore ordre de la Reine de faire un compliment de sa part à la Princesse Mar-
guerite ; je le dis à M. de Vaudemont, son pere, qui l'envoya querir dans sa chambre, & je ne lui eus
pas plutôt fait le compliment de la
Reine qu'on leur apporta la nou-

velle de la mort du Prince de Phals-
bourg, fils naturel du défunt Duc
de Lorraine, qui les affligea beaucoup, auffi bien que le Roi, quand
je la lui eus appris. Je fus auffi par
pure curiofité chez la Princeffe de
Phalfbourg, fille de M. de Vaudemont, où le cercle fe tenoit les foirs,
& j'y vis Monfieur, qui ne m'eut
pas plutôt apperçu qu'il me demanda ce que je venois faire, & fi je
n'avois rien à lui dire.

A mon retour je trouvai le Roi à
Châlons, & de-là je fuivis la Cour
à Metz, où l'on apprit que le Duc
de Lorraine avoit licentié fes troupes. Cette nouvelle fâcha fort la
Reine & Madame de Cheyreufe qui
pourtant n'en témoignèrent rien;
mais la Reine ne pût s'empêcher de
lui reprocher fa folie d'une plaifante
maniere, elle me commanda de faire faire un *tababare*, ou bonnet à
l'Angloife de velours verd, chamaré

de paſſemens d'or, doublé de panne
jaune, avec un bouquet de plumes
vertes & jaunes, & de le porter de
ſa part au Duc de Lorraine. C'étoit
un grand ſecret : car ſi le Roi &
M. le Cardinal l'euſſent ſçu, quelques railleries qu'elles en euſſent pû
faire, ils euſſent bien vû leur intention. J'allai donc en poſte à Nancy
trouver cette Alteſſe à qui ayant demandé à parler : on me fit entrer
dans ſa chambre, & m'ayant reconnu, il imagina bien que j'avois quelque choſe de particulier à lui dire ;
il me prit par la main & me mena
dans ſon cabinet, où je lui donnai
la lettre que la Reine lui écrivoit ;
pendant qu'il la lut, j'accommodai
le bonnet avec les plumes, & je lui
dis enſuite, que la Reine m'avoit
commandé de lui donner cela de ſa
part ; il le mit ſur ſa tête, ſe regarda dans un miroir, & ſe mit ſi fort
à rire que tous ceux qui étoient dans

la chambre en étoient fort étonnés,
il me tint une bonne heure avec lui
feul dans fon cabinet, & me conta
tout ce qu'il avoit fait en Allemagne
contre les Suédois, pour le falut des
Catholiques, & que fon voyage
avoit été pour défendre l'Eglife de
Dieu plus que pour toute autre chofe à l'exemple de ces ancêtres. Il fit
réponfe, & je retournai à Metz,
où je trouvai la Reine en grande
impatience de fçavoir comment fon
préfent avoit été reçu.

La fuite des affaires de Lorraine
fe peut voir dans l'hiftoire; comme
on fit la guerre à ce Duc, comme il
vint trouver le Roi, prit l'écharpe
blanche, fit le beau traité qu'il
rompit après pour en faire d'autres
encore plus défavantageux; & comme on fe fervit de tous fes change-
mens pour lui prendre toutes fes
places les unes après les autres.

Je reviendrai donc à Metz, où la
Cour paſſa tout l'hyver de 1633.
outre les affaires de Lorraine, il n'y
arriva rien de remarquable que la
mauvaiſe réception qui fut faite aux
Députés du Parlement que le Roi
avoit mandés, & auſquels il n'avoit
point fait marquer de logis, pour
les mortifier de ce qu'ils lui avoient
déſobéi en quelque choſe. Ce fut
pendant ce ſéjour que le branle de
Metz revint à la mode, & que com-
mencerent les petits jeux tous les
ſoirs chez la Reine, leſquels ne ſe
faiſoient pas pour elle, mais pour
Mad. d'Hautefort, & enſuite pour
Mademoiſelle de la Fayette, changement dont nous parlerons ci-
après.

En 1635. la guerre ayant été déclarée aux Eſpagnols, & la premiere
Campagne ayant été d'abord fort
heureuſe par le gain de la bataille
d'Avennes, la Cour étant à Châ-

teau-Thiery, on dit au Roi que la Reine avoit pleuré de dépit de cette victoire ; ensorte qu'un soir avec peu de monde il vint chez elle, où il ne trouva que moi dans sa chambre, il me demanda où elle étoit, & lui ayant dit qu'elle étoit dans son cabinet, il ne voulut pas que je l'allasse avertir, & n'y entra pas cependant, il s'amusa à lire sept ou huit lettres, puis après les avoir lûes, il les mit à terre, prit lui-même un flambeau & y mit le feu, disant tout haut : *Voilà le feu de joye de la défaite des Espagnols contre le gré de la Reine*, puis il s'en alla sans la voir.

Aussitôt qu'il fut parti, j'en avertis la Reine, car je crus qu'il n'avoit fait cela que pour qu'elle le sçût ; cela l'affligea fort, d'autant plus que depuis ce moment il n'alloit presque plus chez elle, ce qui l'obligea d'envoyer à Condé où logeoit M. le

Cardinal pour lui faire ses plaintes
des opinions que le Roi avoit d'elle,
& des mauvais offices qu'on lui rendoit auprès de S. M. Par-là l'on
peut voir où elle étoit réduite ; puisqu'il falloit qu'elle eût recours pour
être défendue à ceux mêmes qui
lui faisoient le mal ; car c'étoit S. E.
qui lui faisoit toutes ces piéces afin
qu'elle eût besoin de lui, qu'il eût
occasion de la servir, & de gagner
ses bonnes graces qu'il n'avoit pû
obtenir autrement ; il vint donc à la
Cour, il se fit un grand éclaircissement & les choses s'accommode-
rent, au moins en apparence. M. le
Cardinal étoit ravi de ces rencontres ; car il vendoit bien cher ces
petits services, & prétendoit que la
Reine lui étoit fort obligée, dont je
rapporterai ici une preuve.

Un jour le Roi étant allé de S.
Germain à Versailles, la Reine prit
ce temps pour aller à Paris, où en

arrivant près des Thuilleries elle
rencontra S. E. qui y étoit venue &
s'en retournoit à Ruel. Par une hardieſſe ſurprenante , il voulut faire
arrêter le caroſſe de la Reine , en
criant : *arrête cocher* , & déja le cocher de la Reine s'arrêtoit ; quand
S. M. vit celui de S. E. arrêté , elle
cria à ſon cocher de marcher , de
quoi le Cardinal fut fort offenſé ,
& il y eut un grand démêlé à ce
ſujet entre la Reine & lui. Il lui
manda par M. le Gras , Sécrétaire
des Commandemens de S. M. qui
étoit fort dans ſes intérêts , qu'il
croyoit par ſes ſervices avoir aſſez
mérité d'elle pour lui pouvoir parler , & qu'elle lui fit l'honneur de
l'écouter lorſqu'il avoit des choſes
de conſéquence à lui dire , & qui regardoient ſon ſervice : elle lui manda qu'il pouvoit venir chez elle toutes les fois qu'il le jugeroit à propos , que le lieu où il l'avoit ren-

contrée n'étoit pas propre pour parler d'affaires de conféquence, & que fon caroffe n'arrêtoit que pour le Roi.

A quelque temps de-là le Duc de Weymard de la Maifon de Saxe, qui depuis la mort du Roi de Suede commandoit pour nous en Allemagne, où il avoit remporté des avantages confidérables, étant venu à la Cour, Madame de Rohan jetta les yeux fur lui pour en faire fon gendre. Or comme M. le Cardinal étoit fort malade à Ruel, où la Reine, quelque chofe qu'on lui pût dire, ne le vouloit point aller voir, Madame de Rohan qui fçavoit qu'il le fouhaitoit paffionnément, & qui vouloit l'obliger pour qu'il fit réuffir fon deffein, importuna tant la Reine qu'elle réfolut d'y aller, & elle y fut reçue magnifiquement ; car il lui donna la collation, la mufique, & fit chanter devant elle une chanfon que Chaufi avoit faite exprès.

En arrivant à Ruel, elle me commanda d'aller à Paris, voir de ſa part le Marquis de Mirabel, Ambaſſadeur d'Eſpagne en France, & le ſoir à S. Germain, elle me demanda ce qu'on diſoit d'elle à Paris ſur ſon voyage de Ruel, je lui répondis qu'on diſoit qu'elle avoit les meilleurs ſentimens du monde, mais, qu'elle ne tenoit pas ferme; elle en rougit, & frappa du pied, en diſant quatre ou cinq fois, *j'enrage*; en effet, cette Princeſſe avoit au fond de très-bonnes intentions; mais auſſitôt que ceux qui avoient du crédit auprès d'elle tenoient ferme, elle ſe rendoit, & demeuroit d'accord de leur opinion, ſi ce n'étoit en des choſes qu'elle affectionnât particulierement.

Ce fut à peu près vers ce temps-là que commença la paſſion du Roi pour Mademoiſelle de la Fayette, & ce changement arriva à cauſe de

la trop grande inclination que Mad.
d'Hautefort avoit pour la Reine,
qui étoit telle, que négligeant les
bonnes graces du Roi qui lui étoient
acquifes, & hafardant entierement
fa fortune, elle aimoit mieux fe-
courir une Princeffe d'un tel mérite
dans fon malheur, que de profiter
elle-même de fa faveur ; enforte
que ni la protection de M. le Cardinal qui avoit befoin d'elle pour le
fervir auprès du Roi, ni toutes les
offres qu'il lui faifoit faire par M.
de Chavigny & fes émiffaires, ne
furent pas capables d'ébranler une
fi généreufe réfolution.

Pendant ce temps, il fe fit une
cabale de M. de Saint Simon, de
M. l'Evêque de Limoges, de Madame de Seneçai, & de Mefdemoi-
felles d'Aiches, de Vieuxpont, &
de Polignac, pour introduire Mademoifelle de la Fayette à la place
de Madame d'Hautefort. S. E. pro-

tégea tellement cette intrigue, qu'en
peu de temps on vit que le Roi ne
parloit plus à Madame d'Hautefort,
& que son grand divertissement chez
la Reine étoit d'entretenir Mademoiselle de la Fayette, & de la faire
chanter. Elle se maintint bien en
cette faveur par les conseils de ceux
& celles de son parti, & n'oublia
rien pour cela. Elle chantoit, elle
dansoit, elle jouoit aux petits jeux
avec toute la complaisance imaginable ; elle étoit serieuse quand il
falloit l'être, elle rioit aussi de tout
son cœur dans l'occasion, & même
quelquefois un peu plus que de raison ; car un soir à S. Germain en
ayant trouvé sujet, elle rit si fort
qu'elle en pissa sous elle, si bien
qu'elle fut long-temps sans oser se
lever, le Roi l'ayant laissée en cet
état, la Reine la voulut voir lever,
& aussitôt on apperçut une grande
mare d'eau. Celles qui n'étoient pas

de ſon parti ne purent ſe tenir de rire
& la Reine ſurtout, ce qui offenſa
la cabale, d'autant plus qu'elle dit
tout haut que c'étoit la Fayette qui
avoit piſſé; Mademoiſelle de Vieuxpont ſoutenoit le contraire en face
de la Reine, diſant que ce qui paroiſſoit étoit du jus de citron, &
qu'elle en avoit dans ſa poche qui
s'étoient écraſés; ce diſcours fut
cauſe que la Reine me commanda
de ſentir ce que c'étoit; je le fis
auſſitôt, & lui dis que cela ne ſen-
toit point le citron; de ſorte que
tout le monde demeura perſuadé
que la Reine diſoit vrai; elle voulut
ſur le champ faire viſiter toutes les
filles pour ſçavoir celle qui avoit
piſſé, parcequ'elles diſoient preſque
toutes que ce n'étoit point la Fayette; mais elles s'enfuirent dans leurs
chambres. Toute cette hiſtoire ne
plut point au Roi, & moins encore
la chanſon qui en fut faite; mais

comme

comme ce n'étoit pas un sujet pour
que le Roi témoignât être fâché contre la Reine, la chose se passa ainsi,
& les Demoiselles n'oserent pas non
plus faire paroître leur ressentiment,
remettant à se venger dans l'occasion, comme elles firent dans la
suite en ma personne.

Ces petites choses aigrissant l'esprit du Roi contre la Reine, le ren-
dirent susceptible de tous les soupçons qu'on lui insinua contre elle;
de sorte qu'il fut aisé de lui persuader qu'elle avoit une grande passion
pour les intérêts d'Espagne; mais
comme il n'en avoit point de preuves, il n'osoit lui en faire de repro-
ches, & se contentoit de lui témoigner beaucoup de froideur, ce qui
la touchoit extrêmement. D'ailleurs
se voyant sans enfans, & ses ennemis dans une puissance absolue,
elle avoit sujet de craindre qu'ils ne
prissent cette occasion pour la per-

E

dre , en la faifant répudier , & renvoyer en Efpagne , pour faire épou-
fer Madame d'Aiguillon au Roi. Ces
réfléxions lui donnerent de grandes
inquiétudes ; & n'ayant aucun fujet
de confolation , elle en voulut chercher dans fes proches & dans les autres perfonnes qui lui étoient affec-
tionnées , & qui avoient les mêmes
ennemis. Pour y parvenir elle tâcha
d'entretenir correfpondance avec le
Roi d'Efpagne , & le Cardinal Infant , fes freres , avec l'Archidu-
cheffe , Gouvernante des Pays-Bas ,
fa tante , avec le Duc de Lorraine ,
& avec Mad. de Chevreufe. Comme
elle avoit peu de Domeftiques qui
ne fuffent penfionnaires du Cardinal , & qu'elle avoit affez de preuves
de ma fidélité , elle jetta les yeux fur
moi pour fes correfpondances , elle
me donna les clefs de fes chiffres &
de fes cachets ; enforte qu'étant au
Val de Grace , & les foirs au Lou-

vre ; quand tout le monde étoit retiré, après avoir fait tout ce qu'elle
pouvoit pour tromper ſes eſpionnes, elle écrivoit ſes lettres en Eſ-
pagnol, qu'elle me donnoit après
pour les mettre en chiffres, & lorſque je recevois les réponſes je les
déchiffrois, & les mettois en Eſpa-
gnol pour les lui donner ; je lui faiſois ſigne de l'œil, enſorte qu'elle
prenoit ſon temps pour me parler,
& je les lui donnois ſans qu'on s'en
apperçut.

Pour faire tenir ces lettres en
Flandre & en Eſpagne, nous avions
un Sécrétaire d'Ambaſſade en Flandre, qui les donnoit au Marquis de
Mirabel qui étoit Ambaſſadeur d'Eſpagne pour l'Archiducheſſe, après
l'avoir été en France. Cet Ambaſſadeur faiſoit tenir tous nos paquets à
leurs adreſſes, & nous recevions les
réponſes par les mêmes voyes ; pour
la Lorraine, nous avions l'Abbeſſe

de Joüare de la Maiſon de Guiſe
que j'allois voir fort ſouvent ; &
pour les lettres de Madame de Chevreuſe, je les lui envoyois à Tours
par la poſte, & je recevois ſes réponſes par la même voye, outre
que la Reine & elle s'écrivoient
encore par le moyen de ceux qui
alloient ou qui paſſoient à Tours.
nos lettres étoient écrites avec une
eau en l'entre-ligne d'un diſcours
indifférent, & en lavant le papier
d'une autre eau l'écriture paroiſſoit,
ainſi la Reine avoit des nouvelles
de toutes parts ſans qu'on s'en apperçut, ce qui dura aſſez de tems.
Cependant les eſpions & eſpionnes
de la Reine veilloient & l'obſer-
voient continuellement, & comme
la Reine me parloit fort ſouvent, ils
en eurent des ſoupçons qu'ils ne
manquerent pas de rapporter au
Cardinal, de quoi la Reine ſe défia,
s'étant apperçue un jour qu'elle

écrivoit, qu'une de ses femmes qui tenoit des heures ouvertes comme pour prier Dieu, ne songeoit qu'à jetter les yeux sur la lettre, ce qui lui parut évidemment, parce qu'elle tenoit ses heures le haut en bas.

La Reine ne douta donc plus qu'elle ne fut observée, c'est pourquoi me parlant un jour de cela, elle me dit que pour me mettre à couvert, elle donneroit ses lettres à une autre de ses femmes pour me les donner, quand elle ne le pourroit elle-même, à quoi je lui répondis que si elle les lui donnoit, elle pourroit aussi lui commander de les faire tenir à ses correspondances, parce que je ne voulois point avoir de commerce avec une femme du caractere de celle qu'elle me proposoit; elle me demanda pourquoi; *parce*, lui dis-je, *Madame, qu'il y va de ma vie. Il est vrai*, dit-elle, *mais je* se promets qu'elle n'en dira rien; aussi.

lui repartis-je, *si elle le dit, je suis*
assuré de la mort, ou de la prison,
alors l'assurance que me donne Votre
Majesté ne me servira guère, & quand
elle ne le diroit pas à S. E. c'est une
femme qui peut avoir une inclination;
& je sçais qu'une femme n'a jamais
rien celé à son amant; or le galant
d'un tel visage ne l'est pas pour ses
beaux yeux, c'est pour faire ses affai-
res, ainsi ce galant-homme ne se sou-
cira ni de V. M. ni de moi, & les
fera in ogni modo, *sans en avoir*
obligation qu'à sa bonne fortune: je
supplie donc V. M. de ne me point
donner de ces confidentes.

La Reine ne me répondit rien sur
l'heure; mais à quelques jours de-
là elle me dit que j'avois raison;
ce qui fait voir combien cette Princesse étoit facile à persuader., & à
prendre confiance aux gens qui la
flatoient, ce qui a causé une partie
de ses malheurs, & toutefois ne

s'ayant pas été lorsqu'elle le devoit être ; c'est ce qui a causé le plus de mal ; enfin elle n'avoit de fermeté que pour les choses qu'elle affectionnoit extraordinairement , & si elle me crut en cette occasion , ce fut à cause du grand besoin qu'elle avoit de mon service.

Elle me le fit paroître un jour que Madame de Savoye m'ayant fait écrire par une fille de mes amies , qui étoit à elle , que si je voulois quitter la Reine, dont elle sçavoit bien que je n'avois reçu aucun bien, elle me donneroit la charge de maître de sa garderobe, & me répondoit de ma fortune : il arriva que comme je lisois cette lettre dans le grand cabinet de la Reine , M. de Guitaut Capitaine aux Gardes vint derriere moi sans que je m'en apperçusse , & lut aussi ma lettre en même tems que moi, me la prit , & la porta à la Reine , qui me demanda si je la

E 4

voulois quitter : qu'à la vérité, elle ne m'avoit point fait de bien, mais qu'elle ne feroit pas toujours malheureufe, & que j'aurois raifon de la quitter fi elle ne m'en faifoit pas, lorfqu'elle auroit le moyen de m'en faire. Cette Princeffe avoit une bonté fi engageante que je me dévouai entierement à elle ; mais comme j'étois obligé de lui parler fouvent en particulier, cela augmenta les foupçons de fes efpions qui me tendirent plufieurs piéges pour me perdre.

Le premier fut en 1636. que les ennemis ayant pris Corbie, on fit une armée de toutes piéces pour la reprendre : compofée de tout ce qui étoit refté à M. le Comte de Soiffons qui avoit été défait au paffage de Bay, des troupes qui étoient au fiége de Bâle que l'on leva, & d'autres qu'on leva à la hâte. Le Roi & toute la Cour étoient à Madrid au bois de Boulogne, lorfqu'on apprit cette

nouvelle ; il vint auſſitôt à Paris
où tous les corps de métier le vinrent trouver dans les galleries du
Louvre, il les embraſſa, les priant
de l'aſſiſter d'hommes & d'argent,
ce qui leur gagna tellement le cœur,
qu'ils en répandirent des larmes de
tendreſſe, & donnerent beaucoup
plus qu'on ne leur demandoit, d'où
l'on peut voir cembien cette Na-
tion aime ſon Prince, pour le ſervice duquel il n'eſt rien qu'elle ne
fit par la douceur. Tous les particuliers ſe cottiſoient eux - mêmes
pour donner des ſoldats, & il n'y
eut pas une porte cochere qui ne
donnât un Cavalier armé de toutes
piéces, tous les Officiers des Maiſons Royales de toute condition qui
pouvoient porter les armes, & quitter leur ſervice, alloient à l'armée,
& chacun ſe croyoit offenſé qu'on
lui en refuſât permiſſion.

E ſ

J'eus cette émulation comme les
autres, & je demandai mon congé
à la Reine pour y aller, ce qu'elle
ne me voulut pas permettre ayant
affaire de moi pour la réception de
ſes lettres. Mais elle fut bien contrainte de s'y réſoudre ; car un Sa-
medi comme elle revenoit de Notre-
Dame, le Roi vint chez elle, &
étant paſſé ſur le balcon qui eſt ſur
la cour pour la voir arriver, il m'y
trouva & me demanda fort rudement pourquoi je n'allois pas à l'armée, je lui répondis que j'en avois
demandé pluſieurs fois la permiſſion
à la Reine qui me l'avoit toujours
refuſée, & que je le ſuppliois très-
humblement de me l'obtenir ; il entra dans le cabinet de la Reine, &
lui dit : *Pourquoi ne voulez-vous pas*
que la Porte aille à l'armée. C'eſt qu'il
eſt tout ſeul dans ſa charge, lui répondit-elle : *je veux qu'il y aille,* repartit le Roi. Quand la Reine vit

qu'il le prenoit d'un ton si haut : *Hélas*, dit-elle, *& moi auſſi, il y a long-temps qu'il me tourmente pour cela.* Elle vit bien que ce n'étoit que pour m'ôter d'auprès d'elle. Deux jours après je me mis en équipage, & m'en allai volontaire avec M. le Comte d'Orval, premier Ecuyer de la Reine, & gendre de M. de la Force, l'un des Généraux ſous leſquels j'avois ſervi du temps des guerres d'Italie. Les troupes levées à Paris étant jointes à celles qui venoient de Dole, & à celles de M. le Comte de Soiſſons, Monſieur vint commander cette armée qui ſe trouva de quarante mille hommes.

Elle prit ſa marche droit à Roye qui eut la hardieſſe de tenir, & de brûler ſes Fauxbourgs, & nous fûmes aſſez mal conduits pour nous y arrêter ; car cette Ville étant au milieu des terres, nous pouvions la

laiffer derriere nous fans courir aucun rifque, & poulfer les ennemis
qui ne fe pouvoient fauver ; mais ce
fiége qui dura deux jours leur en
donna le temps, & encore celui de
fauver leur bagage, qu'ils avoient
abandonné au paffage du ruiffeau
d'Ancre, & ils mirent encore le feu
à la Ville en s'en allant. On avoit
donné avis à nos Généraux de l'état
des ennemis, & qu'ils étoient aifés
à défaire dans le défordre où ils
étoient ; mais lorfque M. le Comte
de Soiffons les voulut aller charger,
M. le Duc d'Orléans y voulut aller
auffi, on tint confeil, & il y fut réfolu de ne pas hafarder la perfonne
de S. A. R. qui voyant cela ne voulut pas que M. le Comte y allât,
s'il n'y alloit auffi, & ce fut de cette
maniere que la jaloufie de ces Princes fauva les ennemis d'un très-
grand danger.

Cependant le Roi après avoir fait faire des forts & des retranchemens depuis S. Denis le long du ruisseau de Gonesse, jusqu'au dessus de Pontillon, s'en vint assiéger Corbie, & se logea à Mucin au de-là de la riviere de Somme. S. A. R. passa de l'autre côté où commandoit M. le Maréchal de la Force, les ennemis firent mine de vouloir secourir cette Place, mais ils n'oserent, & enleverent seulement le quartier d'Aiguefeuil; car M. de Gassion faisant ferme dans le sien, M. le Comte & M. de la Force eurent le temps de mettre l'armée en bataille, & toute la nuit nous marchâmes à eux, ce qui les obligea de se retirer; ensuite étant allé en parti avec M. le Duc de la Force, fils du Maréchal, & M. de Gassion au long de la riviere, nous n'y rencontrâmes aucun des ennemis. Corbie tint près de six semaines, & à la fin du siége cette

grande armée qui étoit de quarante
mille hommes, se trouva réduite à
dix mille, plus par la désertion que
par la mort.

Je revins à Paris avec une maladie d'armée qui m'étoit venue d'a-
voir campé où les ennemis avoient
campé pendant qu'ils assiégeoient
Corbie, où ils avoient tant laissé de
corps morts que leur infection cau-
sa force maladies dans notre armée.
La Reine fut bien aise de mon retour, car elle étoit fort embarrassée
de ses lettres qui étoient arrivées,
& qu'elle ne pouvoit déchirer, n'en
ayant pas la liberté à cause des espions qui l'observoient continuellement pour voir ce qu'elle feroit en
mon absence, & si S. M. ne mettroit
point quelqu'unes d'elles en sa confidence.

Pendant les correspondances de
la Reine, elle eut une grande inquiétude, sur un avis qu'on lui donna

d'un livre qu'on avoit fait contre la
jaloufie qui avoit paffé en beaucoup
de mains, & que Mademoifelle de
Fruges à préfent Madame de Fienne
avoit alors : on lui dit que le Roi le
faifoit chercher, & que s'il le voyoit
il pourroit croire que la Reine l'a-
voit fait faire pour lui, à caufe de
fon humeur jaloufe. Comme la Cour
étoit alors à Saint Germain, la
Reine m'envoya chez cette Demoifelle à Paris, lui dire de fa part de
ne montrer ce livre à perfonne, &
me commanda, de partir fi matin,
que je fuffe de retour à S. Germain
avant que perfonne fût éveillé, afin
qu'on ne s'apperçut point de mon
voyage. J'arrivai chez Mademoifelle
de Fruges avant le jour, où j'eus
bien de la peine à faire venir les
valets pour m'ouvrir, & bien plus
pour me faire parler à la fille de la
maifon, car je ne voulois pas dire
de quelle part, & eux avec raifon

ne vouloient pas faire entrer un
homme inconnu ſi matin dans la
chambre d'une fille de qualité; enfin après bien des conteſtations on
me mena dans ſa chambre, où l'on
ne voyoit abſolument point; comme on fit du bruit en entrant, elle
s'éveillá en ſurſaut, & demanda qui
c'étoit, je me nommai, & m'approchai du lit que je ne voyois point;
elle ſe raſſura, & s'imagina bien de
quelle part je venois; elle ouvrit
auſſitôt ſon rideau, je m'approchai
au bruit qu'elle fit, & elle s'avan-
çant pour m'écouter, nous nous
donnâmes de la tête l'un contre
l'autre de telle ſorte que cela nous
étourdit tous les deux, & il fallut
du temps pour reprendre nos eſprits; après en avoir ri, je lui fis
entendre le ſujet de mon voyage, à
quoi elle me fit réponſe telle que
je la deſirois, & me dit que ſi le
Roi lui demandoit ce livre, elle lui

diroit qu'elle ne sçavoit ce que c'étoit.

L'esprit du Roi étoit tellement en garde contre la Reine que la moindre petite apparence lui donnoit de grands soupçons; desorte que les espionnes de la Reine avoient beau jeu pour lui faire piéce ainsi qu'à moi , & elles n'en laissoient échapper aucune occasion.

Après l'affaire de Corbie, M. le Duc d'Orléans s'étant retiré mécontent à Blois, tant à cause de l'affaire de Puilaurent, que de son mariage que le Roi ne vouloit pas approuver, S. M. partit au cœur de l'hyver pour s'en aller à Fontainebleau, & lui envoya le P. Gondran Supérieur de l'Oratoire, & Confesseur de S. A. R. pour le porter à un accommodement, à quoi s'employa aussi M. de Chavigny. De Fontainebleau, le Roi alla à Orléans, par Malesherbes , & la Reine par Pi-

teaux, où elle coucha sur les car-
reaux de son carosse, parce que ni
les mulets, ni les chariots n'avoient
pû arriver : les chemins étant si
mauvais que les carosses mal attelés
ne purent arriver. Par malheur pour
moi je demeurai à Paris jusqu'à la
veille du jour que le Roi partit, la
Reine m'y ayant laissé pour lui apporter des lettres de Flandre , &
pour les lui donner toutes déchif-
frées , à quoi ayant passé quelque
tems , il étoit déja tard quand j'arrivai à Fontainebleau , ce qui fut
cause que de tout ce soir-là je ne
vis personne,& le lendemain le Roi
partit si matin que je ne le vis point.
Il fut facile de lui persuader que
ne m'ayant point vû à Fontainebleau depuis que la Cour y étoit, la
Reine m'avoit donné quelque commission ; en effet , on lui dit que
j'étois allé à Tours , faire déguiser
Madame de Chevreuse , & la mener

dans un Couvent à Orléans pour lui
faire voir la Reine, & l'on avoit si
bien persuadé cela au Roi, qu'il
avoit résolu dès que je serois de retour de ce voyage imaginaire, &
que je serois entré chez la Reine,
de me faire jetter par les fenêtres.
Ne sçachant rien de cette résolution
j'allai chez la Reine aussitôt que je
fus arrivé à Orléans, & j'y trouvai
le Roi qui se chauffoit ; dès qu'il
me vit, il m'appella, & me demanda assez rudement d'où je venois :
je lui dis que je venois de Fontainebleau : à quoi m'ayant réparti qu'il
ne m'y avoit point vû, je lui dis
que j'y étois arrivé le soir fort tard,
que S. M. en étoit partie le lendemain de grand matin : *Mais*, me
dit-il, *j'ai rencontré la Reine près
d'Artenay, & je ne vous ai point vû à
sa suite.* Je lui répondis fort ingénument que mon cheval s'étoit défer-
ré, & que je m'étois amusé à le faire

referrer, qu'après je m'en étoit venu au galop, & que j'avois vû Sa Majesté auprès d'Artenai qui voloit la pie dans des vignes ; comme il vit que je lui difois la vérité ingénument, il fourit, & pour m'ôter l'inquiétude que cela me donnoit, dont il s'apperçut bien, il me dit *ce n'est rien, la Porte, ce n'est rien.*

Toutefois cela me donna fort à penfer, & je crus avec raifon qu'on m'avoit rendu quelque mauvais office : j'en avertis la Reine, qui commanda à M. de Guitaut qui étoit dans fa confidence de s'informer ce que ce pouvoit être, & il apprit que fes Demoifelles avoient dit au Roi ce prétendu voyage de Tours, & que j'en devois être jetté par les fenêtres ; mais cet artifice ne leur réuffit pas mieux que les autres.

Cependant le P. Gondran & M. de Chavigny firent fi bien par leurs négociations avec Monfieur, à qui

ils promirent l'approbation du Roi
pour son mariage, qu'ils l'engagerent de venir trouver le Roi à Orléans, où je vis leur entrevûe qui se
passa ainsi : Quand Monsieur arriva
le Roi étoit chez la Reine ; à leur
abord ils ne parlerent de rien tou-
chant leur accommodement ; le Roi
dit à Monsieur qu'il avoit ouï dire
qu'il avoit mal à un œil, & me
commanda d'apporter un flambeau
pour voir ce que c'étoit, le mal ne
se trouva pas grand, & en même
temps il s'approcherent du cercle
où S. A. R. salua la Reine, le Roi
me commanda ensuite de lui donner un siége, ce qu'il n'avoit jamais
eu en sa présence & ne s'étoit jamais
couvert devant lui, sinon en carosse, à table ou à cheval, qui sont
des libertés que tout le monde a,
& que cependant Monsieur ne donnoit pas à ceux qui alloient dans
son carosse, ce que le Roi désap-

prouvoit fort & s'en moquoit ; lui-même en usant d'une autre maniere.

· Après tant de soupçons, le Roi eut enfin quelques avis plus certains qui causerent ma disgrace & ma prison. Je ne les dirai point ici, n'en sçachant rien alors, & depuis même on eut bien de la peine à me les apprendre. Notre correspondance dura jusqu'au mois d'Août 1637. le 10. de ce mois le Roi qui étoit à S. Germain manda à la Reine qui étoit à Paris depuis quelques jours qu'elle se préparât pour aller à Chantilly le 12. qu'il alloit coucher à Ecouan, & qu'il s'y rendroit le même jour. La Reine ne manqua pas de partir comme il lui avoit été ordonné, & me commanda de demeurer pour quelques jours pour attendre ses lettres qui devoient arriver, & pour faire quelques autres commissions.

Je lui avois dit dès le ſoir précédent que Monſieur Thibaudiere des
Ageaux, Gentilhomme de Poitou,
qui étoit dans la confidence de M.
de Chavigny, m'avoit prié de lui
demander ſi elle vouloit écrire à
Madame de Chevreuſe à Tours,
qu'il y paſſoit, & qu'il ſeroit bien
aiſe de lui dire des nouvelles de S.
M. elle lui écrivit ſeulement un mot
qui portoit en ſubſtance qu'étant
ſur ſon départ elle avoit tant d'affaires qu'elle n'avoit pas le loiſir de
lui faire une longue lettre, qu'elle ſe
portoit bien, qu'elle alloit à Chantilly, & que le porteur diroit plus
de nouvelles, qu'elle ne lui en pourroit écrire : je mis cette lettre dans
ma poche, & le lendemain la Reine
partit après dîner.

Auſſitôt qu'elle fut partie je deſ-
cendis dans la chambre de Madame
de la Flotte, où Madame d'Hautefort étoit demeurée pour ſolliciter

avec elle un procès qui lui étoit de
grande importance; j'y trouvai Thibaudiere, & incontinent ces Dames
voulant aller faire leurs follicita-
tions, nous les conduifimes à leur
caroffe; enfuite étant demeurés feuls
dans la cour du Louvre, je lui voulus donner la lettre qu'il m'avoit
fait demander à la Reine ; mais il
me pria de la lui garder jufqu'au
lendemain, difant qu'il avoit peur
de la perdre, ce qui me fit croire
depuis qu'il fçavoit par le moyen
de M. de Chavigny que je devois être arrêté prifonnier le même
jour, & que l'affaire avoit été con-
certée pour qu'on me trouvât chargé de cette lettre, penfant qu'il y auroit quelque chofe de grande conféquence ou de particulier, ou que
l'on vouloit embarquer Madame de
Chevreufe dans cette affaire pour
faire croire au Public que c'étoit
une grande cabale contre l'Etat ; car
　　　　　　　　　　　　c'étoit

c'étoit la coûtume de S. E. de faire
paſſer des choſes de rien pour de
grandes conſpirations.

Nous ſortîmes, Thibaudiere &
moi, par le derriere du Louvre, &
nous allâmes enſemble juſques dans
la ruë S. Honoré. Je le quittai pour
aller voir, de la part de la Reine, M.
de Guitaut, Capitaine aux Gardes,
qui étoit, malade de la goutte, &
d'une bleſſure qu'il avoit eûe à la
cuiſſe, où la balle étoit demeurée:
je reſtai chez lui juſqu'à ſix heures
du ſoir, & en m'en allant, je trouvai un carroſſe à deux chevaux, dont
le cocher étoit habillé de gris, arrêté au tournant de la ruë des vieux
Auguſtins & de la ruë Coquilliere;
& comme je paſſois entre le coin &
le carroſſe un homme, que je ne pus
voir parce qu'il me prit par derriere,
me mettant les mains ſur les yeux,
me pouſſa vers le carroſſe, & en même temps je me ſentis enlevé par plu-

F

fieurs mains, qui après abbattirent
les portiéres ; enforte que je ne pus
voir qui m'arrêtoit. Nous allâmes
en grande diligence à la Baftille, où
notre carroffe ne fut pas plûtôt arrivé, qu'on referma les portes de la
baffe-cour : on leva les portieres, &
en même temps j'apperçus la Baftille ; car jufques là je n'avois point
fçû où l'on me menoit. Je connus
que celui qui m'avoit arrêté étoit
Goulart, Lieutenant des Mofque-
taires du Roi, avec cinq Mofque-
taires dans le carroffe, & quinze ou
feize autres à cheval qui le fuivi-
rent.

A la defcente du carroffe on me
fouilla, & l'on me trouva cette lettre
de la Reine, que Thibaudiere n'a-
voit pas voulu recevoir : on me demanda de qui elle étoit ; je dis à
Goulart qu'il connoiffoit bien le cachet des armes de la Reine, & que
c'étoit pour Madame de Chevreufe.

J'ai déja dit que la Reine ne faifoit point de finesse d'écrire à Madame de Chevreufe, & même elle lui
écrivoit fouvent par l'Archevêque
de Bordeaux, qui passoit ordinairement par Tours pour aller en fon
Diocèfe; ce qui faifoit bien voir que
ce n'étoit pas un fecret. Après avoir
été fouillé, l'on me fit passer le pont,
& entrer dans le corps de garde
entre deux hayes de Moufquetaires
de la garnifon, qui avoient la mêche
allumée, & fe tenoient fous les armes, comme fi j'eus été un criminel
de léze Majefté.

Je fus bien une demi-heure dans
ce corps-de-garde, pendant qu'on
me préparoit un cachot, qui fut à
la fin celui d'un nommé du Bois,
qui en avoit été tiré depuis peu pour
aller au fupplice, parce qu'il avoit
trompé le Roi, & S. E. à qui il
avoit promis de faire de l'or ; on
me vint dire qu'il failloit marcher,

F2

& j'entrai dans cette tour même du corps-de-garde, où l'on avoit coûtume de mettre ceux que l'on devoit bien-tôt faire mourir. Etant arrivé dans mon cachot, on me deshabilla pour me fouiller une seconde fois : après avoir été fouillé, je repris mes habits. on m'apporta un lit de sangle pour moi, & une paillasse pour un soldat qu'on enferma avec moi, avec une terrine pour mes nécessités naturelles, & on ferma sur nous trois portes, une en-dedans de la chambre, la seconde au milieu du mur, & la troisiéme en-dehors sur le degré. Chacune de ces portes se fermoit à clef, la fenêtre se fermoit de la même façon avec trois grilles ; mais elles n'avoient que trois doigts d'ouverture en-dehors, & bien quatre pieds en-dedans.

Une heure après être entré en ce lieu, on m'apporta à souper dont le foldat mangea plus que moi. Cependant M. le Cardinal qui vouloit faire bien du bruit de peu de chofe, & faire croire à tout le monde que cette affaire étoit une grande confpiration contre l'Etat & contre le Roi, envoya auffi-tôt que je fus arrêté, de la cavalerie vers Orléans, & fit courir le bruit que c'étoit pour arrêter Madame de Chevreufe, afin qu'elle s'enfuit & qu'on la crut criminelle ; & de peur qu'elle ne pût fortir de Tours faute d'argent, il lui envoya dix mille écus par Monfieur Arnoul, Commis de Mr. des Noyers qu'elle ne connoiffoit point, & qui ne fe fit point connoître à elle, lui difant feulement que c'étoit de la part d'un de fes amis qui lui donnoit avis de fe fauver. La Reine qui fçavoit la fineffe de Mr. le Cardinal fit ce qu'elle pût pour empêcher Madame de Chevreufe de donner dans ce panneau ; & pour cet effet, elle lui envoya Mr. de Montalais parent de Madame d'Hautefort pour l'informer de ce qui se paſſoit, lequel la trouva dans la réſolution d'aller en Eſpagne pour ſa ſûreté : il fit ce qu'il put pour l'en diſſuader, ſentant bien que cela feroit tort à la Reine, & que Mr. le Cardinal ne deſiroit que cela pour les faire paroître criminelles aux yeux du Public ; il ſuſpendit un peu ſa réſolution par la promeſſe qu'il lui fit de l'avertir de toutes choſes ; dont elle ne voulut d'autres marques, ſinon, que s'il apprenoit qu'on la voulut arrêter, il lui envoyeroit une paire d'heures rouges, & de bleuës ſi les affaires alloient bien. Il lui en envoya de bleuës, parce que moi ne diſant rien, & tenant ferme comme je fis, il y avoit apparence que les choſes s'accommoderoient ; mais elle prit le bleu pour le rouge, au moins eſt-ce

sur cette méprise de couleur qu'elle
s'excusa de ce voyage entrepris si
mal à propos : elle s'en alla à cheval déguisée en homme avec un de
ses Domestiques, nommé Hilaire ;
& l'on envoya le Président Viguer
après elle pour informer de sa retraite en Espagne.

Pour revenir à mon cachot, aussi-
tôt que le soldat eut soupé, il ac-
commoda mon lit qui ne valoit pas
mieux que sa paillasse, & nous nous
couchâmes ; comme je commençois
à m'assoupir, plus d'abattement que
de sommeil, j'entendis tirer un coup
de mousquet dans la maison ; ce qui
étonna plus mon soldat que moi ;
car je ne sçavois si c'étoit la coûtume, ou non ; mais après nous entendîmes crier aux armes, & un
grand bruit dans notre escalier ; le
soldat qui ne pouvoit sortir non-
plus que moi, se tourmentoit extraordinairement, & faisoit autant

de bruit feul dans ma chambre ; que la garnifon en faifoit dehors ; enfin après avoir bien penfé & écouté, nous entendîmes ouvrir nos portes, & celles des étages au-deffus, & au-deffous de nous.

Au-deffus on mit le Baron de Tenance, Gentilhomme Champenois, lequel avoit quitté le Service du Roi de Suede pour venir fervir le Roi au Siége de Corbie, & avoit été mis en prifon pour avoir parlé du gouvernement avec un peu trop de liberté. Au-deffous l'on mit Mr. de Lénoncourt de Serre, Capitaine des Gardes du Corps du Duc de Lorraine, qui avoit été retenu prifonnier à la capitulation de St. Michel ; & l'on mit avec moi, Mr. de Herce ; parent de M. le Chancelier, jeune-homme que fa mere retenoit en prifon pour le meurrir ; on le mit dans ma chambre fans lit & fans lumiere, & l'on referma nos portes.

Il me parla d'abord aussi familierement que si nous nous étions connus de longue main , & sans nous
connoître , ni nous voir , il nous
conta d'abord son histoire , qui étoit
qu'ayant fait partie de se sauver avec
Messieurs de Tenence & de Lénoncourt , ils avoient pris l'occasion
d'une nuit , non pas tout à-fait obs-
cure ; car il faisoit clair de lune ,
mais il faisoit assez de nuages pour
la cacher ; alors par le moyen de
gens qui les attendoient avec des
chevaux , ils avoient attachés avec
des tire-fons , une grosse corde de
la porte St. Antoine , au haut de la
tour voisine où il y avoit un cabinet ,
ils devoient passer trois anneaux à
cette corde & y joindre chacun une
moindre corde avec un bâton en
maniere d'escarpolette , & après
s'être ceints avec des écharpes , chacun à leur corde , ils prétendoient
se laisser ainsi couler le long de la

F 5

groſſe corde : à quoi l'on pouvoit
objecter , le danger qu'il y avoit
qu'en deſcendant avec rapidité , ils
ne s'allaſſent heurter contre les bran-
cars de la porte S. Antoine ; mais,
on répondit à cette difficulté qu'on
pouvoit tendre la groſſe corde tant
ſoit peu lâche ; & que cela contri-
buant avec la peſanteur du corps à
faire faire un angle à la corde , le
mouvement auroit été aſſez retardé,
pour empêcher qu'ils ne ſe fuſſent
bleſſés. Toutes choſes étoient prêtes
& ils alloient s'embarquer lorſque
la lune paroiſſant trop , découvrit la
corde au ſoldat qui étoit dans le
corridor du dehors du foſſé , lequel
tira ce coup de mouſquet , qui mit
l'allarme & rompit leur deſſein. Les
Officiers prirent les armes , les ſur-
prirent tous trois dans ce cabinet ,
& les enfermerent dans ces trois
chambres , comme je viens de le
dire.

Mr. de Herce après m'avoir raconté tout cela se mit à pester contre le gouvernement, sans se soucier du soldat qui étoit avec nous. Je ne sçavois pas encore qui étoit cet homme, & me défiant de toutes choses, je lui dis que je ne croyois pas que tout cela servît à nous faire sortir de la Bastille, qu'il falloit prendre patience & se taire; il se tut, & s'endormit sur une chaise de paille, la tête sur le pied de mon lit.

Nous passâmes ainsi la nuit, moitié assoupissement, & moitié inquiétude. Comme tous les matins à sept heures, on apporte à tous les prisonniers du pain & du vin, Mr. de Herce me persuada de déjeuner, & à midi on nous apporta à dîner.

Après dîner le Sergent me vint dire qu'il falloit descendre, je lui demandai pourquoi, mais il ne me le voulut pas dire: je descendis au bas

F 6

du degre, j'y trouvai six soldats qui
m'environnérent afin que je ne parlasse à personne. On me fit traverser
la cour, où il y avoit quantité de
prisonniers qui se mirent en haye
pour me voir passer, les uns haussant des épaules, comme voulant
dire que je serois bien-tôt éxécuté,
car c'étoit le bruit commun de la
Bastille & de toute la ville. Entre
ces prisonniers je reconnus le Commandeur de Jars qui avoit été arrêté à l'affaire de Mr. de Châteauneuf, lequel avoit toujours été serviteur de la Reine, & nonobstant
toutes les persécutions du Cardinal
avoit toujours conservé beaucoup
de passion pour son service. Il me
faisoit signe autant qu'il pouvoit
d'avoir bon bec, en mettant le doigt
sur la bouche, & se promenant à
grands pas pour n'être pas apperçu:
il fit si bien que je l'entendis. On
me fit monter dans la chambre de

M. du Tremblai, Gouverneur de la
Maison, où je trouvai M. de la Potterie, Maître des Requêtes, lequel
m'ayant fait lever la main, & jurer
de dire la vérité, tira d'un sac de
velours la lettre que je devois donner à Thibaudiere ; & après me
l'avoir lûe, il me la donna à lire ;
comme c'étoit une lettre de conséquence, je pensai lui dire que je devois la rendre à Thibaudiere qui
l'avoit demandée pour la rendre à
Madame de Chevreuse ; mais je crus
que cela pourroit nuire à Thibaudiere, & peut-être ruiner sa fortune, ne m'imaginant pas qu'il eut été
assez lâche pour l'aller dire ; croyant
que je le dirois, ni assez méchant
pour m'avoir laissé la lettre afin
qu'on me la trouvât ; car il pouvoit
sçavoir que je devois être arrêté,
M. de Chavigny étant de ses amis ;
ainsi je dis à M. de la Potterie que
j'eus envoyé cette lettre par la poste,

comme j'en avois envoyé bien d'autres, & que la Reine ne m'avoit
point nommé de perſonnes particulieres à qui la donner ; il me dit :
La Reine marque au porteur de ſa
lettre, qu'il doit plus dire de nouvelles
qu'elle n'en écrit . & ainſi c'eſt une
lettre de créance . & celui qui la de-
voit porter avoit aſſûrément bien des
choſes à dire , il faut de néceſſité que
vous la duſſiez donner à quelqu'un ou
que vous la duſſiez porter vous-même.
Je répondis toujours que la Reine
ne m'avoit nommé perſonne ; ni
commandé de la porter, & qu'aſſûrément ſi ſon intention avoit été
que je la donnaſſe à quelqu'un , elle
l'avoit oublié, parce qu'il y avoit
beaucoup de monde autour d'elle
qui lui parloit de différentes choſes,
comme c'eſt l'ordinaire quand on
eſt ſur ſon départ. Nous en demeu-
râmes-là , & après il me tira de ſon
ſac quantité de lettres que j'avois

reçues de Madame de Chevreuse,
dans lesquelles il n'y avoit rien de
conséquence, mais il ne laissa pas
de les lire toutes, & de me faire ex-
pliquer des endroits & des noms
particuliers qui étoient en chiffres,
que je lui expliquai à ma fantaisie,
à cause que je ne voulois pas qu'il
connut plusieurs de ceux qui y
étoient nommés ; tout cela ne me
donna pas beaucoup de peine ; mais
j'en eus une très-grande quand je
considérai que pour avoir ces lettres, il falloit qu'on eut été dans
ma chambre, où j'avois un coffre
& une armoire, & de plus un trou
dans un coin de fenêtre, où je mettois les bras jusques au coude, & où
j'avois tous mes papiers de conséquence, les clefs des chiffres & les
cachets. Ce trou se bouchoit avec
un morceau de plâtre qui en étoit
sorti si justement qu'on avoit peine
à s'appercevoir qu'il eut été rompu

J'étois assûré que personne ne connoissoit cet endroit; car je ne l'ouvrois jamais que je n'eusse fait sortir mon laquais, dont bien me prit, car aussitôt que je fus arrêté le nommé *Bois Pille*, Intendant de M. de Chevreuse, fit prendre mon laquais, & le mena à M. le Chancelier, qui fit ce qu'il put pour lui faire dire où je mettois mes papiers, si j'écrivois souvent, & où il portoit mes lettres. Cela fit si grande peur à ce pauvre garçon qu'ils ne purent jamais le rassurer, & il ne fit que pleurer ne sçachant rien de ce qu'on lui demandoit. Ainsi M. le Chancelier ne put avoir que les lettres dont j'ai parlé, & plusieurs papiers inutiles qu'il trouva dans mon coffre & dans mon armoire, dont il fit un inventaire.

M. de la Potterie continua de m'interroger, & me demanda si je n'allois pas souvent au Val-de-Gra-

ce, ce qui me confola un peu ; car
par - là je connus qu'il cherchoit,
& qu'il n'avoit point de certitude,
parce que je n'allois que rarement
au Val-de-Grace, où bien fouvent
la Reine écrivoit ; elle me donnoit
enfuite ce qu'elle y avoit écrit afin
que je le miffe en chiffre. Ils avoient
eu quelques avis confus, ou du
moins des foupçons ; car après lui
avoir dit que je n'y allois jamais
que quand mes dévotions m'y me-
noient, il me demanda combien il
y avoit que je n'y avois été ; je lui
dis que je n'y avois pas été depuis
Pâques, de quoi il parut étonné,
& me preffa fort là-deffus ; mais
comme il me trouva toujours ferme
& égal, il fe rebatit à me demander s'il n'y avoit pas une petite malle couverte de toile cirée verte au
Val-de-Grace, & fi je ne l'y avois
point vûe. A cet article je dis bra-
vement la verité, car de ma vie je

n'avois vû cette malle, ni n'en avois
ouï parler. Ce qui me fit croire que
c'étoit un avis de quelqu'une des
efpionnes, & que la Reine étoit
trahie.

Après avoir bien dit & redit tout ce
qui fe pût dire en deux heures de
tems fur ce fujet, & qui étoit écrit
par un Greffier roufleau, on me
propofa de figner, ce dont je fis
difficulté. Il faut cependant que je
rende ici témoignage à la vérité,
M. de la Potterie n'ufa jamais de
furprife en toutes les interrogations
qu'il me fit, & même il m'avertif-
foit quand il me voyoit un peu embarraffé de prendre garde à ce que
je dirois, & que je ne me preffaffe
point ; & quand il fallut figner, il
voulut que je luffe, & que je priffe
bien garde s'il y avoit quelque chofe qui ne fut pas véritable : je fignai
donc, il s'en alla, & l'on me remena dans mon cachot.

Il n'y avoit pas un prisonnier qui
n'eût bien voulu sçavoir ce qu'on
m'avoit demandé, & ce que j'avois
répondu, & il n'y en avoit pas un à
qui je ne fis pitié ; car on tenoit
pour certain que dans peu je serois
expédié. J'eus tout le lendemain
pour me reposer ; mais le 15. Août
jour de Notre - Dame, M. de la
Potterie revint : on me remena dans
la chambre du Gouverneur, comme
la premiere fois, & je vis encore en
allant M. le Commandeur de Jars ;
qui me regarda d'un œil parlant,
& j'entendis bien son langage. M.
de la Potterie après la cérémonie
ordinaire du serment me fit repas-
ser sur toutes les choses que nous
avions dites dans l'interrogatoire
précédent ; mais d'une maniere dif-
férente. Heureusement j'eus de là
mémoire, moi qui n'en avois jamais eu ; car je me souvins de tout
ce que je lui avois répondu. Après

cela, il commença à faire mine de
tirer de son sac quelques papiers de
conséquence, & en même temps il
me regardoit fort fixement. J'avoue
que d'abord j'eus peur que ce ne
fussent les papiers du trou, & je ne
sçais s'il s'apperçut de ma peur,
mais je la sentois bien, & j'étois
fort en colere contre moi de ma foiblesse ; enfin ce ne fut rien que des
vers à la louange de S. E. qui s'é-
toient trouvés dans mon coffre,
avec ceux que Barault avoit fait
pour la Reine, sur le déluge de
Narbonne ; il les remit aussitôt faisant semblant d'en chercher d'autres, afin de voir ma contenance
qui fut toujours la même, quoique
le dedans fut fort ému, toutes les
fois que je voyois sortir un papier
du sac, craignant toujours que ce
ne fussent ceux du trou, où il y
avoit un magasin de toutes les piè-
ces du tems contre S. E. & même

la Milliade de l'Abbé d'Estelan, pour laquelle il y avoit alors quatre ou cinq prisonniers à la Bastille. Heureusement toutes les figures de M. de la Potterie ne furent rien, que des tentatives; je signai, & l'on me ramena. M. de la Potterie m'ôta mon soldat parce qu'il avoit le flux de sang, & que nous n'avions qu'une terrine, mais celui que l'on mit à sa place ayant couché sur sa paillasse prit le même mal, & ce fut un grand bonheur que je ne le pris point; en récompense j'en avois un pire à l'esprit, & Dieu qui ne nous impose jamais plus de peines que nous n'en pouvons porter, me préserva des infirmités du corps.

M. de la Potterie ne revint point le lendemain, car ses visites étoient alternatives comme la fiévre tierce, ce qu'il ne faisoit pas pour me donner du repos, mais pour avertir la Cour de mes réponses, & pour en recevoir les ordres.

Le jour d'après il revint, & continuant son interrogatoire il me parla fort du Val-de-Grace, me demanda si je ne sçavois point qu'il y allât personne voir la Reine, & si Madame de Chevreuse n'y étoit point venue ; mais après mes réponses, il crut que je n'avois aucun commerce avec les Religieuses du Val-de-Grace, ce qui l'obligea de me parler d'autres choses qui me donnerent bien à penser.

Il me demanda si je ne sçavois point que la Reine écrivit en Flandre & en Angleterre : après lui avoir dit que non, il me dit que cela étoit vrai, & que c'étoit moi qui la servois en ce commerce de lettres ; je m'écriai fort contre cette imputation : il me demanda qui la servoit donc en ses correspondances, ce qui me fit croire qu'il n'étoit pas bien assuré que ce fut moi. Nous discourûmes long-temps sur ce sujet, puis il s'en alla, après m'avoir compté bonnement qu'il n'y avoit rien de plus certain que la Reine écrivoit, & avoit commerce en Angleterre & en Flandre, & par conséquent en Espagne, que c'étoit les ennemis du Roi & de l'Etat, & que je serois bien malheureux si la Reine se servoit de moi en ces fortes d'affaires : il m'ajoûta que la Reine l'avoit avoué après qu'on lui eut montré une lettre qu'on avoit intercepté, laquelle elle écrivoit au Marquis de Mirabel, pour lors Ambassadeur d'Espagne en Flandre, où il y avoit des termes qui avoient fort fâché le Roi.

Il disoit vrai, & j'ai sçû depuis que M. le Chancelier ayant montré cette lettre à la Reine, Sa Majesté la voulut retenir, & la cacha dans son sein, d'où M. le Chancelier l'ayant voulu reprendre, elle la rendit. Il l'interrogea là-dessus, & sur beaucoup de chofe, elle avoua d'avoir écrit cette lettre, & que c'étoit par mon miniftere qu'elle avoit été envoyée, ce qui fit croire que cette lettre n'étoit pas la feule, & que la Reine en avoit écrit bien d'autres en d'autres lieux ; mais on n'avoit que celle-là. C'eft pourquoi l'on voulut tirer de moi la connoiffance du refte, mais inutilement.

La Reine fut tellement touchée du traitement qu'elle avoit effuyé, qu'elle fut deux jours fans boire ni manger, à ce que j'ai appris, & même fut faignée deux fois, à caufe d'un étouffement que lui avoit caufé cette affliction : le Roi ne la voyoit point, ni M. le Cardinal, ni même aucune perfonne de la Cour, hormis fon domeftique, dont la plus grande partie la trahiffoit. M. de Guitaut la vit, & n'en fit pas mieux fa cour.

On

On remarqua que quantité de Courtisans, passant dans la cour du Château de Chantilly, baissoient la vûe pour qu'on ne crut pas qu'ils regardoient les fenêtres de sa chambre, si bien qu'elle fut abandonnée de tout le monde, hormis de Madame d'Hautefort à qui son malheur ne servit qu'à redoubler le zéle qu'elle avoit pour elle.

Pendant que la Reine étoit ainsi tourmentée à Chantilly, M. le Cardinal voyant que M. de la Potterie n'avoit pû rien tirer de moi, qui pût nuire à la Reine, vint lui-même à Paris, & dès le lendemain à huit heures du soir, il envoya un carrosse, avec un Lieutenant de la Prévôté, & quatres Archers pour me conduire à son Hôtel. Je m'allois coucher lorsque j'entendis un grand bruit & ouvrir mes portes, ce qui m'étonna extrêmement, & me donna de l'appréhension ; car j'avois oui dire

G

à plusieurs personnes, & même à mon soldat, qu'on avoit fait mourir des prisonniers la nuit ; de crainte que le peuple ne s'émut ; je crus que j'allois être traité de la forte, ce qui me fit demander à la Briere, Sergent de la Baftille qui me vint querir, où l'on me vouloit mener : il me répondit affez brufquement qu'on vouloit me faire fortir de la Baftille. Je ne fçavois comment entendre cette fortie ; mais lorfque je fut defcendu dans la baffe-cour, & que je vis un carroffe & des archers, je crus aller au fupplice. Je demandai au Lieutenant que je connoiffois, nommé Picot, où il me menoit ; il me répondit fort triftement qu'il n'en fçavoit rien Je crus d'abord en partant n'aller qu'au coin de St. Paul, où ordinairement, on éxécutoit ceux qu'on tiroit de la Baftille; quand nous eûmes paffé cet endroit, j'eus peur du Cimetiere Saint Jean,

enſuite de la Greve, & enfin de la
Croix du Traoir.

Mais après que tout cela fut paſſé
je commençai à reſpirer pius à mon
aiſe, & je demandai encore une fois
au Lieutenant où nous allions, ce
qu'il ne me voulut pas dire : nous
allâmes arrêter à la porte de Mr. le
Chancelier, Picot ſortit du carroſſe
& entra dans la maiſon, d'où il revint auſſi-tôt, & dit à notre cocher
de ſuivre le carroſſe qui alloit ſortir,
qui étoit celui de M. le Chancelier.
Il nous mena dans la cour des cuiſi-
nes du Palais Cardinal, où l'on me
fit deſcendre, & mes Gardes après
m'avoir conduit dans le jardin, me
mirent entre les mains de M. de la
Houdiniere, Capitaine des Gardes
de S. E. lequel me conduiſir au long
de la gallerie juſqu'à la porte de la
chambre de M. le Cardinal, où il
étoit ſeul avec M. le Chancelier que
nous avions ſuivi & M. des Noyers.

D'abord Mr. le Cardinal me dit qu'il m'avoit envoyé quérir pour me faire dire une chose qu'il sçavoit déja bien, parce que la Reine l'avoit dit au Roi & à lui, mais qu'il étoit nécessaire que je le lui confirmasse. Je lui répondis que je lui dirois tout ce que je sçavois : à quoi il me répondit en souriant, qu'il l'avoit bien cru, & que cela étant il me donnoit sa parole que je ne retournerois pas à la Bastille. Mr. le Chancelier me fit lever la main & faire le serment ordinaire. Ensuite Mr. le Cardinal m'interrogea sur toutes les choses que M. de la Potterie m'avoit déja rebattuës plusieurs fois; & comme il vit que je faisois les mêmes réponses & que sa présence ne me faisoit point changer, il me fit connoître que si je voulois dire ce qu'il souhaitoit, il mettroit ma fortune en état de donner de la jalousie à mes pareils: qu'il sçavoit bien que la Rei-

ne avoit correſpondance en Flandres
& en Eſpagne, qu'elle y écrivoit
ſouvent; que c'étoit moi qui la
ſervois en toutes ces intelligences,
que je n'avois qu'à en demeurer
d'accord, & que ma fortune étoit
faite, que je ne devois rien craindre
puiſque la Reine l'avoit avoué elle-
même, & qu'elle avoit dit que c'é-
toit de moi qu'elle ſe ſervoit. Je lui
répondis, que je ne ſçavois pas ſi
la Reine écrivoit en Eſpagne & en
Flandres; mais que ſi elle y écrivoit,
elle ſe ſervoit d'un autre que de
moi, & que je ne m'étois jamais
mêlé que de faire ma charge: ſur
quoi il me demanda ſi j'avois connoiſſance qu'elle ſe ſervit de quelqu'autre, ce qui me fit croire qu'il
n'étoit pas ſi ſûr de ſon fait qu'il le
diſoit; cela me fortifia, & je lui ſou-
tins toujours que je ne ſçavois rien
de toutes ces choſes, & que je ne
m'étois jamais apperçu que la Reine

G 3

eut des correfpondances en Efpagne
ni ailleurs, Après cela il fe mit un
peu en colére, & me dit, que puifque je ne voulois pas avouer une
vérité qu'il fçavoit bien, je pouvois
bien croire qu'il avoit le pouvoir de
me faire faire mon procès, & que
cela alloit bien vite, quand il s'agiffoit de l'intérêt de l'Etat, & du fervice du Roi; que je me piquois mal
à propos de générofité & de fervir
fidellement ma maîtreffe, qui ne faifoit rien pour moi. *A propos,* ajoû-
ta-t'il, *on n'a trouvé que cinq cent li-*
vres dans votre cabinet, eft-ce là votre
bien? Je lui dis que c'en étoit une
grande partie ; à quoi il repliqua ,
en regardant Mr. le Chancelier :
Voilà bien de quoi être fi opiniâtre à
nier une chofe que la Reine a avoué.
D'où je pris occafion de lui dire que
c'étoit une marque certaine que je
ne la fervois pas dans les chofes que
Son Excellence croyoit , & que fi

cela étoit la Reine m'auroit fait plus
de bien qu'elle ne m'en avoit fait,
mais que quoi qu'elle ne m'en fit
point je ne laiſſois pas d'être obligé
de la ſervir fidellement dans ma charge. Il me dit que cela étoit vrai ;
mais que je devois fidélité au Roi
avant la Reine, parce qu'étant né
François je devois obéïr au Roi qui
me commandoit de dire la vérité
qu'il me faiſoit demander par ſes
Miniſtres & ſes Officiers, en une
choſe qui regardoit ſon ſervice, & le
bien de l'Etat ; que j'y étois obligé
en conſcience, & que s'y je ne le faiſois pas ; je ne m'en trouverois pas
bien. Je lui dis, que je ne croyois pas
être obligé en conſcience d'accuſer la
Reine d'écrire en Eſpagne, n'en ſça-
chant rien , & n'en ayant jamais eu
de connoiſſance. *Mais , me dit-il en
colere, elle l'avoue, & dit que c'eſt
par vous qu'elle entretient ces correſ-
pondances, non ſeulement avec le Roi*

d'Espagne & le Cardinal Infant ;
mais avec le Duc de Lorraine , l'Archiduchesse & Madame de Chevreuse.
Si la Reine dit cela , lui répondis-je ,
il faut qu'elle veuille sauver ceux qui
la servent en ses intelligences , en disant
que c'est moi. Il me demanda si je
sçavois qu'elle se servît de quelqu'un
& après lui avoir dit que non , il
me demanda pour qui étoit cette
lettre de la Reine que l'on m'avoit
trouvée , à quoi je répondis la même chose qu'à Mr. de la Potterie.
Vous êtes un menteur , me dit-il : vous
la vouliez donner à Thibaudiere : vous
voulûtes la lui donner dans la cour du
Louvre : il vous pria de la lui garder
jusqu'au lendemain de peur de la perdre : & après cela vous voulez que je
vous croye ; puisqu'en une chose de nulle
conséquence vous ne dites pas la vérité,
je ne vous dois pas croire en d'autres :
Eh bien , que dites-vous à cela? Je fus
fort surpris & ce coup m'assomma ,

car il étoit vrai , & Thibaudiere
ayant eu peur que je ne l'accufaffe ,
s'étoit accufé lui-même pour avoir
meilleur marché de la peine qu'il
croyoit encourir ; car je ne veux pas
croire que l'amitié que M. de Chavigni avoit pour lui , l'eût pû obliger à demander cette lettre à la Reine , afin que fe confiant à lui , elle
eût pû mander des chofes de conféquence , fçachant que je devois être
arrêté , & que pour cela il m'eût
laiffé la lectre à garder , ce qui feroit
une perfidie déteftable. Mr. le Cardinal n'ajoutant point de foi à ce
que je pus lui dire là-deffus: j'avouai
enfin la chofe , parce que je ne pouvois plus la lui cacher , fur quoi il
me gronda fort , & me demanda
pourquoi j'avois fait fineffe de cela.
Je lui dis ingénument que j'avois eu
peur de ruiner la fortune de ce Gentilhomme pour une chofe de rien :
à quoi il me repliqua que j'étois

G 5

bien confidérant. Il s'arrêta enfuite,
& fongea affez long-temps fans rien
dire ; & après il me dit je ne fçaurois plus vous croire : il faut que
vous écriviez à la Reine, & que
vous lui mandiez qu'elle ne fçait ce
qu'elle veut dire, quand elle dit
qu'elle a des correfpondances avec
les étrangers & les ennemis de l'Etat,
& que c'eft de vous qu'elle fe fert
pour fes intrigues. Je lui dis que je
n'ofois pas écrire à la Reine & à
ma maîtreffe de la maniere dont il
me l'ordonnoit, & que ce feroit trop
de liberté à moi : à quoi il repliqua
en raillant : *Eh ! bien, nous le verrons*
auffi refpectueux que fidéle. Vous aurez
du temps pour y penfer, il faut cepen-
dant retourner à la Baftille. Je le fis
fouvenir qu'il m'avoit promis que
fi je difois la vérité, je n'y retournerois pas : *il eft vrai*, me dit-il,
mais vous ne me l'avez pas dit, & vous
y retournerez. M. le Chancelier pre-

noit quelquefois la parole & M. des
Noyers écrivoit mes réponfes. Il
s'avifa auffi de me demander fi Madame de la Flotte ne fçavoit rien de
toutes ces intrigues : je lui répondis
que comme je ne fçavois rien , je ne
fçavois pas fi les autres fçavoient
quelque chofe. Mr. le Cardinal lui
dit, *il n'y a plus rien à efperer par la
voye de la douceur après l'affaire de
Thibaudiere.* Mr. des Noyers me
voulut faire figner mes dépofitions,
ce que je ne voulus point faire avant
de les lire ; & comme il faifoit difficulté de me les laiffer lire , Mr. le
Cardinal lui dit que j'avois raifon.
De forte qu'après les avoir lûes ; je
les fignai & l'on me renvoya comme
j'étois venu.

Mon interrogatoire, & mon voyage durerent cinq heures; j'étois parti
à huit heures , & il étoit plus d'une
heure quand je fus de retour à la
Baftille , où je trouvai que Mr. de

G 6

Herce s'étoit couché dans mon lit
croyant que je ne reviendrois point.

Le lendemain il vint à la Baftille
un Exempt des Gardes du Corps du
Roi, me faire commandement de la
part de S. M. d'écrire à la Reine,
fur ce que M. le Cardinal m'avoit
dit : on me mena dans la chambre
du Gouverneur, on me donna du
papier & de l'encre, j'écrivis à la
Reine à-peu-près en ces termes.

MADAME,

Mr. le Cardinal me dit hier que
Sa Majefté avoit dit au Roi, qu'elle
avoit des intelligences avec le Roi
d'Efpagne, le Cardinal Infant, l'Ar-
chiducheffe, le Duc de Lorraine
& Madame de Chevreufe, & que
c'étoit par moi que V. M. entretenoit fes correfpondances. J'ai tant
de confiance en la bonté de V. M.
& en fa juftice, que je ne fçaurois

croire qu'elle me voulut accuser
d'une chose dont elle sçait bien que
je suis innocent : toutefois s'il y va
du service de V. M. de dire toutes
ces choses, quoique je n'en sçache
rien, je les dirai, pourvû que V. M.
me fasse sçavoir ce qu'il lui plaît
que je dise ; mais si cela n'est point,
je la supplie très-humblement de
détromper le Roi & S. E. de l'opinion qu'ils ont que j'ai servi V. M.
en toutes les choses qu'ils disent.

Je donnai ma lettre toute ouverte
à l'Exempt. Quelques jours après
Monsieur le Chancelier m'envoya
querir la nuit de la même maniere
que j'avois été chez M. le Cardinal.
On me mena chez lui, & étant seul
avec moi dans son cabinet, il m'interrogea tout de nouveau sur les
mêmes choses, me disant que je
voulois me perdre à plaisir, qu'on
sçavoit tout ; & que si je ne disois
la vérité, on alloit travailler à

mon procès , qu'il m'avoit envoyé
querir pour me le dire lui-même.
Je lui répondis toujours de la même
façon. Il m'interrogea encore fur les
lettres que la Reine écrivoit au Val-
de-Grace , & fur les gens qui l'y
alloient voir ; mais Dieu me fit toujours la grace de ne point varier
dans mes réponfes , & de ne me
point couper.

Après cela il tira une lettre de fa
poche qui n'étoit point cachetée,
& me dis de la lire , ce que je fis.
Il me demanda enfuite fi je connoiffois cette écriture , je lui dis
qu'elle étoit de la Reine ; comme
elle ne m'eft pas demeurée , je ne
puis la rapporter mot à mot ; mais
elle portoit à peu près ces termes.

» La Porte, j'ai reçu la lettre que
» vous m'avez écrite fur laquelle je
» n'ai rien à vous dire , finon que
» je veux que vous difiez la vérité
» fur toutes les chofes dont vous

» ſerez interrogé : ſi vous le faites,
» j'aurai ſoin de vous, & il ne vous
» ſera fait aucun mal, mais ſi vous
» ne la dites point, je vous aban-
» donnerai.

Signé. **ANNE.**

M. le Chancelier me dit : *Eh bien !*
Etes-vous content ? Voilà votre ſcru-
pule levé, la Reine vous mande de
dire la vérité, vous pouvez dire tout
ce que vous voudrez, cette lettre vous
met à couvert. Sur quoi je m'écriai :
Quoi, Monſeigneur, parce que la Reine
me mande de dire la vérité, vous vou-
lez que je l'accuſe des choſes dont je ne
la ſçais point coupable ! Je veux bien
que vous ſçachiez qu'il n'y a point de
peur de la mort, ni d'envie de faire
ma fortune qui me puiſſe faire faire
cette lâcheté. Il me repliqua en ſou-
riant que j'étois bien délicat, que
la Reine avoit bien dit que c'étoit
moi qui la ſervois en toutes ſes in-

trigues, & que puisqu'elle m'avoit
accusé, moi innocent, comme je disois l'être, je pouvois bien aussi dire
tout ce que je sçavois d'elle ; à quoi
je répondis qu'elle étoit ma maîtresse, & qu'elle pouvoit dire tout ce
qu'il lui plaisoit. *Mais à propos , me
dit-il, vous lui avez mandé que quoique
les choses dont on l'accuse ne fussent pas
vrayes , si elle vous commandoit de les
dire vous les diriez ; elle vous le mande,
& vous ne lui tenez pas parole.* Je lui
répondis que si la Reine me mandoit positivement les choses qu'elle
vouloit que je dise , je les dirois ;
mais me laissant libre, & me com-
mandant de dire la vérité , je l'avois
dite , & que je n'en sçavois point
d'autre que celle qui étoit dans mes
interrogatoires.

Je lui demandai si la Reine les
avoit vûs : je lui dis que s'il les lui
faisoit voir, elle connoîtroit bien
que j'avois dit la vérité. *Mais , me*

dit-il, *vous vous êtes engagé à dire tout ce que la Reine vous commanderoit : ne sçavez-vous pas qu'il y va de la vie d'être dans des intrigues contre le service du Roi & de l'Etat ? Je ne crois point, lui répondis-je, que la Reine soit dans des intrigues de cette nature; mais quand il me faudroit mourir, ce seroit le plus grand honneur qui pourroit arriver à un homme de ma sorte que de perdre la vie pour le service d'une Princesse persécutée.* Il fit mine de se facher sur ce mot, & il m'ordonna d'écrire encore à la Reine, & que je lui mandasse que je n'ajoutois point de foi à ce qu'elle m'avoit écrit : je m'en excusai d'abord, mais il me fallut obéir : j'écrivis donc en cette sorte.

MADAME,

J'ai reçu la lettre qu'il a plû à V. M. de m'écrire par laquelle elle me mande de dire la verité sur toutes les chofes dont je ferai interrogé. Je l'ai fait, & s'il plaît à V. M. de fe faire apporter tous mes interrogatoires, elle verra bien que je l'ai dite. M. le Chancelier continue toujours de dire que V. M. a des intelligences avec les ennemis de l'Etat, & que c'étoit par moi qu'elle s'y conduifoit & entretenoit, V. M. en fçait la vérité, & que je fuis innocent de ce dont on m'accufe ; c'eft pourquoi je la fupplie très-humblement de détromper l'efprit du Roi. S'il plaît à V. M. que je dife toutes les chofes qu'on veut que je fçache, qu'elle me faffe la grace de me mander mot à mot tout ce qu'elle voudra que je dife, parce que ne fçachant rien, je pourrois manquer au fervice qu'elle defireroit de moi.

Après ma lettre écrite on me renvoya à la Baftille. Mais pendant que toutes ces chofes fe paffoient, la Reine étoit dans la plus grande afflic-

tion qu'elle eut jamais eue, & ne
fçachant que faire, ni à quoi fe ré-
foudre, elle eut recours à Madame
d'Hautefort, à qui elle écrivit par
l'entremife de Mademoifelle de Chemerault une de fes filles d'Honneur,
à préfent Madame de la Baziniere,
& fa lettre lui fut apportée par M. de
Coiflin, parent de M. le Cardinal,
& gendre de M. le Chancelier; ce
qui eft admirable, que cette Princeffe dans fon befoin, fut obligée
d'avoir recours aux proches de fes
plus grands ennemis, & qu'elle y
trouvât de la fidélité. Par ces voyes
elle fit fçavoir fes peines & fes inquiétudes à Madame d'Hautefort
qui étoient de fçavoir comment on
me traitoit, ce qu'on me demandoit & ce que je répondois; car tout
rouloit là-deffus. L'Evêque de Beauvais, & le Pere Cauffin Confeffeur,
du Roi, m'ont dit depuis qu'en ce
tems-là, ils étoient tous en prieres,

pour m'obtenir de Dieu la grace de me taire, lesquelles, Dieu merci, furent efficaces. Madame d'Haute-fort se mit aussitôt à chercher des moyens pour servir cette pauvre Princesse, nonobstant toutes les difficultés qui se présenterent en grand nombre; car le Roi l'aimoit, il lui avoit fait un peu de bien, & elle ne pouvoit souffrir l'ombre même de l'ingratitude, outre qu'elle étoit d'une condition & d'un âge qui ne lui permettoient pas de courir, de se déguiser, & de se servir de moyens secrets pour faire réussir ses desseins. De sorte qu'il falloit qu'elle courut risque de perdre absolument sa fortune; mais la passion qu'elle avoit pour la Reine étoit si violente qu'elle la fit passer pardessus toutes ces considérations;& sa générosité s'accordoit si bien avec le pitoyable état où étoit la Reine, qu'elle se fut exposée à des périls encore plus grands pour l'en délivrer.

Elle se souvint que le Commandeur de Jars étoit à la Bastille, & que comme il avoit toujours été serviteur de la Reine, il la pourroit bien servir en cette rencontre ; mais elle ne voyoit point d'apparence de l'aller chercher directement parce que c'étoit tout perdre ; mais comme son esprit agissoit continuellement, elle s'avisa que Madame de Villarceaux, qui étoit niéce de M. de Châteauneuf, seroit assurément des amies du Commandeur de Jars, elle l'alla trouver, lui fit connoître l'extrémité où la Reine étoit réduite ; & comme Madame de Chemerault lui avoit mandé de sa part que le salut de la Reine dépendoit absolument de me faire sçavoir ce que j'avois à répondre aux interrogations qu'on me faisoit.

Tout cela consistoit en ce que la Reine avoit avoué au Roi qu'elle avoit écrit une lettre au Marquis de

Mirabel, Ambaſſadeur d'Eſpagne à Bruxelles, & que c'étoit moi qui l'avois donné à M. Ogier, Sécrétaire de l'Ambaſſadeur d'Angleterre qui étoit à Paris pour la faire tenir. Or cette lettre avoit été interceptée je ne ſçais comment, & la Reine qui ſçavoit bien qui l'avoit trahie, n'a jamais voulu le dire. Je niois tout abſolument dans mes interrogatoires; & comme la Reine avoit avoué cela, cette contradition donnoit de grands ſoupçons qu'il y avoit encore beaucoup d'autres choſes à découvrir, l'unique moyen de détruire tous ces ſoupçons étoit de me faire ſçavoir cet aveu de la Reine, afin que je fiſſe de même.

Madame de Villarceaux fut ravie de pouvoir contribuer à rendre ce ſervice à la Reine: elle s'offrit de faire ce qu'elle pourroit, & dit à Madame d'Hautefort qu'elle voyoit ſouvent le Commandeur de Jars à la

grille du corps de garde, & qu'elle
l'aboucheroit avec lui quand il lui
plairoit, mais qu'il ne falloit pas
qu'elle fut connue. Elle eut affez de
zele pour confentir à fe déguifer,
& prendre l'habit d'une femme de
chambre de Madame de Villarceaux,
& de la fuivre en cet équipage à la
Baftille, où toutes deux entretinrent
le Commandeur du fervice dont la
Reine avoit befoin. Le Commandeur en fit d'abord beaucoup de
difficulté, fe défiant de Madame
d'Hautefort qu'il ne croyoit pas
fon amie, parce que voulant entrer
un jour dans le cabinet de la Reine
où S. M. étoit feule avec Madame
de Chevreufe & elle, par ordre de la
Reine, elle lui en ferma la porte,
ce qu'il croyoit qu'elle avoit fait de
fon propre mouvement : il avoit encore d'autres défiances mal fondées;
mais les dangers qu'il avoit courus
lui étoient une raifon plus forte de

se défier de tout le monde. Cependant l'occasion de secourir la Reine, dès qu'il fut instruit de ses intentions, & de l'état de ses affaires, l'emporta sur tout cela, & il se mit aussitôt à en chercher les moyens.

Il gagna le valet d'un prisonnier nommé l'Abbé de Trois, lequel valet avoit de l'esprit & se nommoit Bois d'Arcis. Ce garçon pensa à ce qu'il y avoit à faire, & il ne trouva point de moyen qui lui parut plus court que de gagner les prisonniers qui étoient dans ma tour au-dessus de moi, & ceux qui étoient au haut de ladite tour. Le hasard voulut que sur l'affût d'un canon, Bois d'Arcy trouva une des grandes pierres qui pavent cette terrasse rompue par un coin, droite sur le haut de cette tour où j'étois.

Il prit le temps que la sentinelle, qui se promene continuellement sur cette terrasse, étoit à l'autre bout, il

il leva le morceau de pierre, & en
même temps, il entendit parler des
croquans de Bourdeaux qui étoient
là pour quelque fédition, il leur
parla ayant toujours l'œil fur la fen-
tinelle, & ils lui promirent de le
fervir, car tous les prifonniers ont
les uns pour les autres des charités
qui ne font pas imaginables, & que
je n'aurois jamais cru, fi je ne les
avois expérimentées & pratiquées
moi-même. Ces croquans firent un
trou au haut de la voute que Bois-
d'Arcy avoit recouverte de fon morceau de pierre, ils en firent un autre
à leur plancher, & parlerent aux
prifonniers qui étoient fous eux,
dont un étoit le Baron de Tenence,
& l'autre un nommé *Reveillon* qui
avoit été Domeftique du Maréchal
de Marillac, lefquels s'offrirent de
bon cœur à faire ce qu'on voudroit:
ils firent aufli un trou à leur plancher fous lequel étoit mon cachot,

H

lequel trou ils couvrirent du pied de
leur table, & quand ils entendoient
ouvrir mes portes à mon soldat pour
aller vuider la terrine sur le degré,
& qu'ainsi je demeurois seul, ils me
descendoient, avec un filet, les
lettres que les croquans recevoient
de Bois d'Arcy à qui le Commandeur de Jars les donnoit.

La premiere lettre que je reçus
par cette voye du Commandeur portoit qu'il étoit venu une personne
de mes amies lui parler, qui desiroit sçavoir ce qu'on m'avoit demandé dans mes interrogatoires, &
aussi pour me dire quelque chose
qu'il me manderoit, aussi-tôt qu'il
sçauroit que ses lettres me seroient
renduës. Que je prisse confiance en
lui qui étoit prisonnier, fort de mes
amis & serviteur de ma Maîtresse,
qu'il me donnoit avis de ne me fier
à personne, & que tous ceux de
cette maison me fussent suspects.

En cela je lui obéïſſois trop, car lui même me l'étoit ; je ne connoiſſois point ſon écriture, & ne ſçavois qui m'écrivoit, car il n'avoit oſé mettre ſon nom, craignant que ſa lettre ne me fut pas ſi fidellement renduë: il falloit faire réponſe ; mais je n'avois ni papier, ni encre ; d'ailleurs, je craignois que ce fut une fineſſe pour me ſurprendre, c'eſt pourquoi j'en demeurai-là.

Deux jours après, auſſi-tôt que le déjeuner fut venu, & que mon ſoldat fut ſorti pour ſa fonction ordinaire, je vis deſcendre un autre billet qui me preſſoit fort d'écrire & me donnoit quelques lumieres, qui m'aſſuroient, que ces billets me venoient de bonne part ; ainſi j'y pris quelque confiance, & lorſque la nuit fut venue & que mon ſoldat fut endormi, je me levai & me mettant entre la lumiere de la chandelle & ſon viſage, j'écraſai du charbon ;

H 2

un peu de cendre de paille brûlée ;
& les détrempai avec un reste d'hui-
le de la salade du souper, & en fis
une espece d'encre ; ensuite avec un
brin de paille taillé en pointe, j'é-
crivis sur un dessus de lettre qu'on
m'avoit laissée dans ma poche, & je
mandai qu'on m'avoit tant demandé de choses, que je ne les pouvois
pas écrire en l'état où j'étois ; mais
que je n'avois rien dit qui put nuire
à personne, parce que je ne sçavois
rien.

Les prisonniers qui étoient au-
dessus de moi me parlerent ayant
entendu sortir mon soldat, & me
descendirent un filet avec une petite
pierre, que j'ôtai, & y attachai ma
belle lettre qu'ils tirerent à eux. Elle
donna de l'assurance au Commandeur qui vit par-là que je recevois
ses billets, ce qui l'engagea à m'en
écrire de plus clairs, & à se faire
connoître à moi : il me fit donner

papier, plumes & encre, par un
prifonnier qui, prenant fon temps
pour aller voir les croquans pendant que ma porte étoit ouverte,
& que le foldat faifoit fa charge de
Porte-chaife, me donna adroitement cette encre & ce papier que je
cachai dans mon lit. Après cela j'é-
crivis tout à mon aife, & notre commerce continua. Madame d'Hautefort vint quelquefois voir le Commandeur pour fçavoir des nouvelles
& lui en dire, fi bien que je fus
pleinement inftruit de ce que la
Reine avoit avoué, & de ce qu'il
falloit que j'avouaffe.

La Cour n'étant point fatisfaite
de mes lettres ni de mes réponfes,
m'envoya M. de la Feymas, Maître
des Requêtes, & grand Gibecier de
France, lequel me rapporta encore
la même lettre de la Reine que
M. le Chancelier m'avoit fait voir.
Ce galant-homme n'oublia rien

H 3

pour me perſuader de dire tout ce
que je ſçavois, & que S. E. deſiroit.
Je lui dis d'abord, pour lui épar-
gner ſon éloquence, qu'il ne falloit
pas qu'il eſperât que je lui dis ce
que je ne ſçavois pas, & ce que
Mr. le Cardinal & Mr. le Chancelier ne m'avoient pu faire dire : il
me dit qu'il voyoit bien que je voulois me perdre ; mais que ſi je voulois le croire, je ſerois le plus heureux homme du monde ; que non-
ſeulement je ſortirois de la Baſtille,
mais que je retournerois à la Cour,
& qu'aſſurément le Roi feroit quelque choſe de conſidérable pour moi ;
que je devois faire comme M. Patrocle qui ayant avoué tout ce qu'il
ſçavoit, & demandé pardon au Roi,
avoit auſſi-tôt été rétabli dans ſa
charge. Je lui demandai auſſi-tôt ſi
M. Patrocle étoit en peine ? Il ne me
répondit rien ; mais un peu après,
il m'interrogea pourquoi je lui avois

demandé si Mr. Patrocle étoit en
pëine : *parceque* vous me l'avez dit,
lui répondis-je, car je ne vous l'aurois pas demandé autrement : &
après il me demanda quelle connoiſſance j'avois avec lui, s'il ne ſe
mêloit point des intrigues de la
Reine ? A quoi je lui répondis par
maniere de raillerie : Eh ! quoi,
Monſieur, vous dites que c'eſt moi,
& que la Reine l'a dit au Roi, il faut
donc que la Reine ait bien des intrigues, puiſqu'il faut tant de gens
pour les conduire ; il ne me répondit
rien là-deſſus, mais il me queſtion-
na ſur cent bagatelles afin de m'embrouiller. Je lui dis que je connoiſſois Mr. Patrocle pour être Ecuyer
ordinaire de la Reine, que je ne lui
avois jamais vu faire autre choſe
que ſa charge, & que je ne lui en
avois parlé que ſur ce qu'il m'en
avoit dit. Il ne voulut point que ſon
Greffier écrivit ce que je diſois ;

H 4

mais je lui dis que s'il ne l'écrivoit je ne signerois pas l'interrogatoire : nous eumes là dessus un grand démêlé, car je vis bien qu'il vouloit m'embrouiller & me surprendre.

Enfin, il fit écrire mes réponses & se mit à m'embrasser, puis il ajouta que je me défiois de lui, mais qu'il étoit plus mon serviteur que je ne pensois : que dès le commencement de ma prison S. E. lui avoit voulu donner la commission de m'interroger ; mais que lui étant recommandé par mes amis, il s'en étoit excusé : que Mr. de la Potterie s'en étoit fait de fête, & qu'il en étoit bien aise, mais que n'ayant pû rien tirer de moi, le Roi avoit voulu absolument qu'il me vint trouver, & qu'il n'y étoit venu qu'à dessein de me servir. Il me nomma tous mes amis, & tous mes ennemis de la Cour, tant il s'étoit informé de mes affaires : *Avouez, avouez,* me

difoit il, *& vous ferez la plus belle
action du monde , vous ferez caufe
de la réconciliation du Roi & de la
Reine ; dites feulement un mot*, con-
tinuoit-il , en m'embraffant & me
baifant ; & j'accommoderai l'affaire,
en forte que tout ce qui s'eft paffé
tournera à votre avantage & à votre
honneur.

Comme il vit que toutes ces belles paroles ne m'ébranloient pas , il
changea tout d'un coup de ton,
& me dit que puifque je me voulois
perdre , il m'alloit apprendre bien
d'autres nouvelles que je ne fçavois pas. En même temps il tira un
papier de fon fac , & en me le montrant ; voilà, dit-il , un Arrêt par lequel vous êtes condamné à la queftion ordinaire & extraordinaire,
voyez où vous en êtes, & où vous
jette votre opiniâtreté : il me fit
defcendre dans la chambre de la
queftion avec le Sergent la Brie-

H 5

re, & là ils m'en firent voir tous les instrumens, me la présenterent, & me firent un grand fermon fur les ais, les coins, les cordages, exagerant le plus qu'ils pouvoient les douleurs que cela caufoit, & comme cette queftion applatiffoit les genoux ; ce qui véritablement m'auroit étonné fi je n'euffe été réfolu à quelque chofe de pis, & fi je n'euffe tenu la paix dans mes mains en difant à propos ce que j'avois ordre de dire. Je lui dis que le Roi étoit le maître de ma vie, qu'il pouvoit me l'ôter, & qu'à plus forte raifon, il pouvoit me faire applatir les genoux ; mais que je fçavois qu'il étoit jufte, & que je ne pouvois croire qu'il confentit qu'on me traitât de la forte fans l'avoir mérité.

Je fus tout prêt d'avouer ce que j'avois ordre de dire par une inftruction fecrete ; mais j'eus peur qu'il ne crut que c'étoit la peur, qui me le

faisoit dire, & que cela ne lui donnât envie de me faire donner la ques-
tion qu'il m'avoit présentée, afin
d'en sçavoir davantage : outre que
d'aller avouer tout d'un coup une
chose après l'avoir long-temps niée,
cela lui auroit donné des soupçons
dès avis qu'on m'avoit donnés. C'est
pourquoi je lui dis seulement que
j'avois quelque chose à dire ; mais
que je ne le dirois jamais si la Reine
ne me le commandoit : il ne manqua pas de me dire que la Reine
me l'avoit commandé par sa lettre :
Mais, lui dis-je, *cette lettre m'est*
suspecte, on a peut être forcé la Reine
à me l'écrire, elle m'est donnée par
M. le Chancelier & toute ouverte,
c'est pourquoi je n'y sçaurois ajouter
foi. Que voulez-vous donc, me dit-
il ? *Je voudrois,* lui repartis-je, *que*
la Reine m'envoyât un des siens qui
fut homme de bien, qui me vint dire
de sa part s'il lui plaisoit que je disse

ce que je sçavois : cela est bien aisé,
me dit il, eh ! qui voulez-vous qui
vienne de sa part. Je me souvins
heureusement que le Contrôleur Général de la Maison de la Reine,
nommé la Riviere, étoit fort de ses
amis ; ainsi je lui dis que je ne connoissois personne dans la Maison de
la Reine à qui je me fiasse tant qu'au
Contrôleur Général la Riviere : il
en fut si ravi, qu'il ne put se tenir de
m'embrasser encore une fois, & de
me dire que j'avois raison, qu'il le
connoissoit, & qu'il étoit fort homme d'honneur, que je ne pouvois pas
mieux faire, & que j'étois bien ins-
piré.

M. de la Feymas écrivit promptement à la Cour qu'il avoit si bien
fait que j'étois prêt de tout dire
pourvû que la Riviere, Contrôleur
Général de la Maison de la Reine
vint de sa part m'assurer que je pouvois dire tout ce que je sçavois.
Aussi-tôt le Roi & S. E. envoyerent

querir la Riviere à qui ils comman-
derent de me venir trouver de la
part de la Reine, & de me dire que
S. M. me commandoit abfolument
de dire tout ce que je fçavois &
que je n'obmiffe aucune chofe,
qu'elle m'auroit une grande obligation fi j'avouois tout, & qu'elle
avoit tout avoué, qu'après elle fe
reconcilieroit avec le Roi, qu'elle
feroit en repos, & que je ferois
caufe du plus grand bien qui lui put
jamais arriver.

Les chofes étant ainfi difpofées,
Mr. le Chancelier m'envoya querir
un foir à la maniere ordinaire :
d'abord après avoir pris mon fer-
ment, il me donna une réponfe que
la Reine faifoit à ma derniere lettre,
dont la teneur étoit, qu'elle avoit
reçu ma lettre, & qu'elle n'avoit
autre chofe à me dire fi non qu'elle
vouloit que je diffe la vérité. Je di
à Mr. le Chancelier que je l'avois

dit, & que je n'en sçavois point d'autre : *Mais*, me dit-il, *vous avez dit à M. de la Feymas que vous diriez tout ce que vous sçavez de ces affaires-ci, pourvû qu'il vint un homme de la part de la Reine, vous en apporter la permission :* il est vrai, lui répondis-je, *car je ne me fie point aux lettres que la Reine m'écrit.* Aussi-tôt il appella un de ses gens, & lui dit qu'il fit entrer la Riviere : dès qu'il fut entré M. le Chancelier me demanda si je le connoissois : après lui avoir dit qu'oui, il me demanda pour qui je le connoissois : *Pour un fort honnête-homme, & très-homme de bien*, lui répondis-je. Eh ! Bien, me repliqua-t-il, allez entendre ce que la Reine vous mande par lui.

Nous allâmes au coin du cabinet, ou pendant que M. le Chancelier parloit à un de ses gens, la Riviere me dit que la Reine lui avoit commandé de me venir trouver, voyant

que je ne voulois rien dire de toutes
les chofes qu'elle m'avoit commandées par fes lettres, qu'elle en étoit
bien en colere contre moi, qu'elle
vouloit abfolument que je diffe tout
ce que je fçavois, que je ne fcellaffe
aucune chofe, & que je lui rendrois
le plus grand fervice qu'elle eut jamais reçu de perfonne, qu'elle avoit
avoué toutes fes intrigues, que le
Roi fçavoit tout, qu'il n'étoit plus
temps de faire fineffe, & qu'il ne
falloit plus fonger qu'à trouver grace auprès du Roi, qu'il me l'offroit
pourvû que j'avouaffe tout ce que je
fçavois, que fi je faifois autrement,
la Reine m'abandonneroit & que
j'étois perdu fans reffource.

Je feignis de le croire, & je retournai à M. le Chancelier à qui je
dis que j'étois fatisfait, & que j'étois
prêt à dire tout ce que je fçavois,
puifque la Reine le vouloit, mais
que fans cela je ne l'aurois jamais
dit quoiqu'il en pût arriver.

Il écrivit ma dépofition qui fut : que la Reine m'avoit donné une lettre pour le Marquis de Mirabel, que je ne fçavois pas ce qu'elle contenoit, que je l'avois donnée à M. Agier, Secrétaire de l'Ambaffadeur d'Angleterre, & que c'étoit tout ce que je fçavois. *Mais il y a bien d'autres chofes*, me dit-il : puis il commença à repaffer fur toutes les chofes dont j'avois été interrogé tant de fois, fur les correfpondances de Flandre, d'Efpagne, d'Angleterre, de Lorraine & des Religieufes du Val-de-Grace : fur tout cela je lui dis que je ne fçavois rien, & que fi j'avois fçu quelque chofe je l'aurois dit comme le refte, puifque la Reine me commandoit de dire tout ce que je fçavois. Nous eumes là-deffus une longue conteftation, il me menaça encore de la queftion, & de me faire faire mon procès ; à quoi je répondis qu'il feroit tout ce qu'il

voudroit, mais que je n'étois pas
affez méchant pour accufer la Reine
d'une chofe que je ne fçavois pas être
véritable ; & que quand on m'arra-
cheroit les membres du corps les
uns après les autres, je ne dirois jamais rien contre ma confcience, &
que je me repentois d'en avoir tant
dit, puifqu'il ne s'en contentoit pas.

La chofe en demeura-là, il me fit
figner ma dépofition, me renvoya
à la Baftille après avoir prié la Riviere de dire à la Reine, que j'avois
dit tout ce qu'elle avoit voulu, &
tout ce que je fçavois : cela quadroit
juftement à ce que la Reine avoit
avoué, ce qui fut caufe que depuis
on ne me demanda plus rien.

J'appris enfuite que, lors de cet
aveu que la Reine n'avoit pû s'empêcher de faire quand on lui avoit montré fa lettre qui parloit du Roi en
termes fort défobligeans, elle fut
contrainte de demander pardon par

écrit, & de promettre de ne plus
écrire. Ce fut-là tout fon châtiment,
car, comme je n'avois rien dit, on
ne trouva pas cela affez fort pour
la renvoyer en Efpagne. M. le Gras
Secretaire de fes Commandemens
lui ayant apporté ce pardon dreffé
par écrit à figner, elle y réfifta long-
temps ; mais après qu'il lui eut fait
entendre, qu'il y avoit ordre de la
mettre dans un Château avec des
Gardes, en cas qu'elle ne le voulut
figner, elle y confentit ; mais comme cela fut fecret, & qu'on ne fçut
pas fi-tôt la reconciliation qui s'en-
fuivit, il courut un bruit fur ce re-
fus de figner, qu'on alloit arrêter la
Reine prifonniere, & ce bruit vint
jufques dans mon cachot renouvel-
ler toutes mes appréhenfions.

Juftement dans ce temps-là j'entendis le tambour des Gardes qui
paffoit à la porte St. Antoine ; je demandai ce que c'étoit, & l'on me

dit que la Cour venoit à S. Maur des Fossés, ce qui redoubla ma frayeur, parce que je croyois que la Cour n'alloit à S. Maur que pour mettre la Reine à Vincennes, que si on l'arrêtoit ce ne seroit pas pour peu de temps, ou que si elle en sortoit, ce ne seroit que pour aller en Espagne, ce qu'on auroit de la peine à faire si je ne parlois; & comme j'étois toujours ferme dans la résolution de ne rien dire qui lui pût nuire, il étoit à craindre qu'ils ne me fissent mourir & ne fabriquassent un Testament de mort par lequel j'accuserois la Reine de tout ce qu'il plaisoit à ses ennemis, qu'il étoit fort aisé de contrefaire ma signature, & que je ne reviendrois pas de l'autre monde pour les accuser de fausseté.

Mais cette crainte se dissipa tout-à-fait, quand tiré du cachot après y avoir été retenu six semaines, &

jouïſſant des libertés de la Baſtille
j'appris la vérité de toutes choſes,
par Madame d'Hautefort, & Mademoiſelle de Chemerault qui me vinrent voir à la grille.

Elles me dirent que la reconciliation de Leurs Majeſlés s'étant faite
à Chantilly quelques jours après la
ſignature du pardon, le Roi en étoit
parti pour venir à Paris voir Mademoiſelle de la Fayette, qui s'étoit
retirée aux Filles de Ste. Marie de la
Porte S. Antoine, & paſſant par-là
pour aller à Saint Maur, me donna
l'appréhenſion dont je viens de parler. Un jour ou deux après la Reine
vint à Paris, & paſſa par la Porte
Saint Antoine pour aller trouver le
Roi à S. Maur, de quoi ayant été
averti, je montai ſur les tours pour
la voir paſſer; auſſi-tôt qu'elle m'apperçut elle deſcendit du devant de
ſon carroſſe, & ſe mit à la portiere
pour me faire ſigne de la main, &

me témoigner autant qu'elle pouvoit par des signes de tête, qu'elle étoit contente de moi, & de ma conduite. Il n'y eut pas un prisonnier à qui je ne fis autant d'envie que je lui avois fait de pitié, & qui n'eut voulu souffrir plus que je n'avois souffert, pour mériter ce témoignage, quoique leger, de la reconnoissance d'une grande Reine : tant il est vrai, que les François se satisfont aisément d'un peu de fumée.

De St. Maur Leurs Majestés revinrent à Paris, où elles coucherent ensemble, & dès la premiere nuit, la Reine devint grosse du Roi notre Maître, si bien qu'avec raison on le pouvoit appeller le fils de mon silence, aussi-bien que des prieres de la Reine, & des vœux de toute la France.

Au sortir de mon cachot, on me mit avec M. le Comte d'Achon,

Gentilhomme très-fage, plein d'honneur, & neveu du Pere de Chante-
loup, Prêtre de l'Oratoire qui étoit
avec la Reine mere Marie de Médicis
en Flandre, & qui fut du confeil de
faire prendre Madame d'Eguillon
pour fauver la vie de M. de Montmorency. Ce fut le Comte d'Achon
qui conduifit cette entreprife, avec
M. de Befançon l'aîné qui s'étant
fauvé du Fort l'Evêque, où il étoit
prifonnier, par le moyen d'une ma-
chine qu'il avoit inventée, fe retira en Flandre avec la Reine mere.
Leur deffein étoit d'enlever Madame
d'Eguillon, lorfqu'elle fe promene-
roit fur une haquenée dans le parc
de Vincennes, & de la mener en
Flandre, pour donner la peur à
M. le Cardinal que la Reine mere
n'ufât de repréfailles fur cette Dame,
s'il faifoit mourir de M. de Montmorency. Il y eut quelque faux frere
qui découvrit la chofe. Un foldat

fut pendu, M. le Comte d'Achon, & un Valet de chambre de la Reine mere furent mis à la Baftille ; mais celui-ci s'en fauva, & le pauvre Comte d'Achon fut mis dans un cachot fans autre lumiere que celle d'une lampe : il y demeura fept ans, & y étant entré fans barbe, il en fortit avec des cheveux blanc ; mais il n'en eut pas encore été quitte pour cela fans Madame d'Eguillon qui ne voulut pas qu'on ôtât la vie à un Gentilhomme pour l'amour d'elle. Cependant fes parens s'étoient faifis de fon bien, ne croyant pas qu'il revînt jamais de-là, fi bien qu'il étoit accablé de toutes fortes de malheurs : de quoi m'entretenant avec lui, il me vint en penfée que Madame de Rambouillet, depuis Madame de Montaufier étoit fort aimée de Madame d'Eguillon, & qu'en offrant quelque chofe à un pauvre Gentilhomme qui étoit à elle, il

pourroit engager fa Maîtreffe à folliciter Madame d'Eguillon de pouf-
fer fa générofité jufqu'au bout. M.
d'Achon promit mille piftoles, le
Gentilhomme s'employa, j'en parlai auffi à Madame de Rambouillet
dans l'intervalle de ma fortie de la
Baftille & de mon voyage de Saumur, & elle fit fi bien auprès de
Madame d'Eguillon qu'elle fit la
chofe de la meilleure grace du mon-
ce ; car elle prit fon tems de le faire
fortir lors du mariage de M. de Saint
Sauveur, parent de M. le Cardinal,
avec Mademoifelle de Jalaine, pa-
rente de M. le Maréchal de Brezé,
& de la Baftille elle le fit venir du
même pas à ces nôces ; de forte que
par la premiere lettre que je reçus
de lui en arrivant à Saumur, il me
manda que de l'enfer, il avoit paffé
tout d'un coup en Paradis : & Madame d'Eguillon non contente de
cela, prit fes intérêts en main, & lui
aida

aida à folliciter fes procès qu'il gagna tous & le fit rentrer dans la poffeffion de fon bien.

Il y avoit encore avec lui dans la même chambre Mr. de Chavaille, Lieutenant - Général d'Ufarche en Limoufin, qui étoit-là pour un démêlé, qu'il avoit eu avec Mr. de Ventadour, Gouverneur de la Province, auquel il n'avoit pas voulu obéir.

Nous paffions le tems tous trois à différentes chofes, M. d'Achon, étudioit les Mathématiques, & fe divertiffoit quelquefois à dreffer des chiens au manége, ce qu'il faifoit admirablement ; Mr. de Chavaille compofoit un livre, & j'apprenois à deffiner, avec la perfpective que M. du Fargis me montroit. Ce Gentilhomme avoit été pris avec M. du Coudray Montpenfier, lorfque Monfieur revînt de Bruxelles, & que Mr. de Puilaurent fut arrêté au Louvre, & mené à Vincennes.   I

Outre ces Meſſieurs & ceux dont j'ai parlé ci deſſus, la Baſtille étoit remplie de quantité de perſonnes de qualité. M. le Maréchal de Baſſompierre, y avoit été mis pour les affaires de la Reine mere, dans le même temps qu'elle fut arrêtée : comme j'ai dit, ſon âge lui avoit fait perdre la mémoire; en ſorte qu'il racontoit à tous momens aux mêmes perſonnes l'hiſtoire de ſes amours. Mais il n'en étoit pas pour cela moins galant; car il courtiſoit fort une Mademoiſelle de . . . . auſſi priſonniere, juſques-là que le bruit en courut à la ville & à la Cour; tantôt l'un diſoit qu'il l'avoit épouſée & l'autre qu'elle étoit groſſe, ce qui lui faiſoit tort, dont ayant été averti par ſes amis, il voulut donner le change au Maréchal de Vitry, qui n'entendit pas raillerie là-deſſus, & la fit ſortir de ſa chambre toutes les fois qu'elle y vint.

M. le Maréchal de Vitry fut mis à la Baftille depuis moi à caufe des plaintes des Provençaux, qui l'accufoient de quelques violences, cependant quelque violente que fut fon humeur, il fupporta fa prifon avec une conftance merveilleufe ; comme il ne pouvoit voir de feu fans en être incommodé, jufques-là que fes joues fe fendoient & en faignoient, il envoyoit tous les matins chauffer fa chemife dans notre chambre qui étoit au - deffus de la fienne, & fon laquis lui ayant rapporté que j'étois-là, il me manda qu'il étoit en grande peine pour des papiers de conféquence qui étoient chez lui, & qu'il avoit peur que l'on vît ; que je lui ferois grand plaifir fi par mes correfpondances je pouvois faire tenir une lettre de lui à fes gens à la Ville, pour les avertir de mettre fes papiers en lieu de fûreté, ce que je fis, fa lettre fut tenuë, & fes papiers mis à couvert : la chofe lui toucha tellement au cœur , que quand nous fûmes tous deux en liberté , il me mena chez lui , & commenda devant moi à fes enfans d'avoir un fouvenir éternel du fervice que je lui avois rendu.

M. le Comte de Cramail étoit à la Baftille long - tems avant moi & y avoit été mis , pour avoir averti le Roi , quand S. M. fut en Lorraine que fa perfonne n'étoit pas en fûreté ; parce que l'armée des Lorrains étoit plus forte que la fienne, ce qui fut rapporté par M. de Chavigni à S. E. qui le punit de la prifon pour avoir donné de l'appréhenfion au Roi , quoiqu'elle fut jufte & raifonnable ; c'étoit un fort honnête-homme & très - fage , qui avoit fi bien acquis l'eftime de la Reine que j'ai ouï dire à S. M. long-tems auparavant, que fi elle avoit des enfans dont elle fut la Maîtreffe , il en feroit le gouverneur.

Le Commandeur de Jars y étoit aussi avant moi pour avoir eu part à l'intrigue de M. de Châteauneuf; il avoit d'abord été envoyé à Troyes avec ordre à M. de la Feymas de lui faire son procès : il se défendit bien contre lui , jusques-là qu'ayant été mené par ses gardes à l'Eglise le jour d'une grande fête , & l'ayant vû communier , il sauta aussi-tôt à lui, le prit au collet, & le pressa d'avouer devant Dieu qu'il tenoit en sa bouche , qu'il avoit aposté tous les témoins qu'il lui avoit confrontés, de quoi M. de la Feymas demeura très surpris & ne lui dit autre chose, sinon qu'il étoit trop violent , & qu'il se perdroit; ce qui pensa arriver, car il fut condamné à avoir la tête tranchée, mené sur l'échaffaut les yeux bandés, & prêt à recevoir le coup, lorsqu'on vint crier grace, ce qui fit paroître que tout ce qu'on avoit fait, n'étoit que pour le faire

parler ; mais il demeura toujours
ferme ; & on l'emmena de - là à la
Baſtille, où je le trouvai en arrivant
fort à propos pour la Reine & pour
moi, comme il paroît par ce que j'ai
dit ci - deſſus.

M. de Gouillé Gentilhomme très-
bien fait qui avoit été nourri Page
de M. de Nemours, y fut mis par
adreſſe de la...... célebre Demoi-
ſelle qu'il entretenoit, & comme
ſon inconſtance ne lui plaiſoit point,
il la maltraitoit quelquefois, & effa-
rouchoit tous ſes autres galans par
ſa bravoure ; de ſorte que pour s'en
défaire, elle écrivit à M. le Cardinal qu'elle lui avoit oui dire qu'il
ne mourroit jamais que de ſa main.

M. Vaultier, Médecin de la Reine
mere Marie de Médicis, qui a été enſuite premier Médecin du Roi, avoit
été mis à la Baſtille dans le tems
que ſa Maîtreſſe fut arrêtée à Compiegne, parce qu'il fut ſoupçonné de

lui avoir donné des conseils qui ne plaisoient pas à la Cour, il supportoit sa prison avec beaucoup de chagrin, quoique pour le charmer, il fit venir Pierre Eigonne, grand Mathématicien qui lui enseignoit l'Astronomie ; cependant se promenant sur la terrasse, on lui entendoit dire dans son ennui ces paroles de David *usquequo, Domine, usquequo ?*

J'obmets ici une infinité d'autres personnes qui étoient à la Bastille pour divers sujets.

Comme j'avois gagné dans mon cachot une fiévre lente qui m'avoit bien affoibli, le plaisir de la Société, le grand air que je respirai sur le haut des tours, & la tranquillité où je me trouvai après une si grande secousse, rétablirent en peu de temps ma santé ; la vûe de la Reine, & le témoignage de reconnoissance qu'elle m'avoit donné du haut des tours, me fit concevoir des espérances d'une

I 4.

meilleure fortune, dont la premiere
marque fut ma fortie de la Baftille,
où je demeurai neuf mois jour pour
jour comme dans le ventre de ma
mere, avec cette différence qu'elle
ne fut point incommodée de cette
groffeffe, dont j'eus feul toutes les
tranchées & les douleurs : ce ne furent pourtant point celles - là qui la
firent accoucher de moi; mais une
autre groffeffe, car la Reine étant à
mi-terme, & ayant fenti remuer fon
enfant, elle demanda ma liberté,
par l'entremife de M. de Chavigni,
ce qu'on lui accorda, à la charge
que j'irois en exil à Saumur, & que
je n'en fortirois point fans ordre du
Roi.

Le 12. Mai de l'année 1638.
M. le Gras, Secrétaire des commandemens de la Reine, avec un Commis de Mr. de Chavigni vint me
faire figner la promeffe que je faifois au Roi d'aller à Saumur à cette

condition ; je fignai, & le lendemain je fortis de la Baftille après
avoir pris congé de tous les prifonniers.

Ainfi le premier coup de pied du
Roi me fit ouvrïr toutes les portes
de la Baftille & m'envoya à plus de
quatre-vingt lieues de-là. Auffi-tôt
que je fus forti de prifon, on me
mena chez Mr. de Chavigni que la
Reine avoit employé pour obtenir
ma liberté, lequel me reçut le plus
honnêtement du monde, & témoigna qu'il avoit de la joye de ce que
j'avois eu affez de fermeté pour défendre la Reine, ce qui me fit croire
qu'il étoit ferviteur de Sa Majefté
autant que le pouvoit être un homme à la place où il étoit, il me dit
que je ne pouvois demeurer que
deux jours à Paris ; mais après lui
avoir repréfenté que ma prifon avoit
dérangé toutes mes affaires, & que
m'en allant pour long-temps j'avois

I 5

befoin de quelques jours de féjour
pour y donner ordre, il m'accorda
huit jours à la charge que je ne ver-
rois perfonne de la Cour, & que je
n'irois que la nuit à mes affaires,
je le remerciai autant que je pus,
& après avoir pris congé de lui j'allai rendre grace à Dieu & à la Vierge
à Notre-Dame.

J'allai enfuite chez Madame de la
Flotte, pour rendre mes devoirs à
Madame d'Hautefort ; c'étoit-là
qu'il falloit faire des remercimens
& des proteftations de reconnoiffan-
ce ; mais elle m'arrêta tout court,
& je crois qu'elle eut raifon, car outre que je les faifois mal, c'eft à mon
gré une méchante monnoye pour
païer de véritables obligations: bonne ou mauvaife cependant, c'étoit
tout ce que je pouvois donner à la
générofité fi extraordinaire d'une
perfonne qui avoit prit tant de peine à m'affifter ; car outre les chofes

qui regardoient le service de la
Reine, elle m'avoit rendu tous les
bons offices qu'elle avoit pû, & eut
bien plus de soin de mes affaires
qu'elle n'en a toujours eu des sien-
nes, ce n'étoit pas une générosité
commune qui attend les occasions,
elle les cherchoit continuellement,
& ce qui est admirable, c'est qu'elle
a toujours été, & qu'elle est encore
à présent de la même force. Je fis
aussi mon compliment à Madame
de la Flotte qui me dit qu'elle avoit
ordre de la Reine de me voir, & de
me dire qu'elle me donneroit sa vie
durant six cens écus de pension.

Avant de partir, Mr. le Cardinal
me fit demander par Madame la
Marquise de Mons, si je voulois
me donner à lui, ce que je ne crus
pas à propos de faire, & j'ai appris
depuis de M. l'Abbé de Beaumont,
son Maître de Chambre, qu'après
l'interrogatoire qu'il m'avoit fait su-

I. 6

bir chez lui , il avoit fait appeller tous ceux de fa Maifon , & leur avoit dit qu'il fouhaiteroit pour beaucoup être affuré d'avoir parmi eux une perfonne auffi fidelle que moi.

Après avoir donné ordre à mes petites affaires, je m'en allai à Saumur , où je ne m'établis pas d'abord pour un long féjour : car on m'avoit toujours fait efpérer que je retournerois à la Cour auffi - tôt que la Reine feroit accouchée ; mais les affaires changerent de face , & la Reine eut affez de peine à fe conferver elle - même , & à fe défendre de fes ennemis qui n'étoient pas moins puiffans qu'avant qu'elle eut des enfans.

Je trouvai à Saumur Mr. de la Berchere, premier Préfident du Parlement de Dijon , qui y étoit , il y avoit huit ou dix mois , par ordre du Roi pour fatisfaire feu Mr. le

Prince , qui n'avoit fçu compatir avec le crédit , le mérite , & l'affection pour le fervice du Roi, qu'avoit au fouverain degré cet excellent homme.

Nous fîmes enfemble une étroite amitié, & nous nous promîmes réciproquement que le premier qui féroit en pouvoir auroit foin de fon Compagnon , je fus affez heureux pour être le premier rappellé ; & après l'avoir fait revenir, nonobftant les oppofitions de M. le Prince , & qu'il fut abandonné de tous fes parens qui craignoient de fe faire un tel ennemi, je fus le feul à preffer la Reine de le faire rentrer dans fa charge, à quoi ne pouvant réuffir, il arriva que la premiere Préfidence de Grenoble étant venue à vaquer, M. le Prince fut le premier à la demander pour lui afin de s'en défaire. Nous paffâmes cinq années enfemble à Saumur, où nous avions fouvent la

compagnie de M. l'Abbé de Foix,
qui avoit été mis à la Baftille, & de-
là renvoyé à fon Abbaye du Leroux.
pour avoir été à la Reine mere.

Nous voyons auffi quelquefois M.
Servin qui venoit fouvent d'An-
gers où il étoit exilé, fe promener
& faire fa cour au Maréchal de
Brezé.

Quand j'eus appris que la Reine
étoit accouchée, & qu'elle n'en avoit
pas plus de pouvoir, je commençai
à m'établir pour longues années;
& j'écrivis à Madame d'Hautefort
que je la fuppliois d'employer fon
crédit pour m'obtenir la permiffion
de me promener aux environs de
Saumur, ce qu'elle obtint avec bien
de la peine par l'entremife de M. de
Chavigni, à condition que je n'en
abuferois pas, & que nos prome-
nades ne pafferoient pas fept à huit
lieues à la ronde.

La premiere fortie que je fis fut

pour aller à Richelieu avec M. de la Berchere ; en y allant nous pafsâmes par Champigni , où nous vîmes les ruines de cette belle & ancienne maifon , qu'on avoit démolie pour bâtir Richelieu. Après avoir vû la Ste. Chapelle , qui feule étoit reftée de tout le Bâtiment , nous continuâmes notre voyage , & de Richelieu nous fûmes voir les poffedées à Loudun.

Depuis ce temps - là , j'allongeai ma chaîne peu-à-peu ; mais j'appris une fâcheufe nouvelle qui l'appefantit extrêmement , c'eft que Madame d'Hautefort étoit releguée au Mans. Je n'en ai jamais bien fçu pofitivement la caufe , ni elle non plus ; car de croire que ce fut pour m'avoir donné des avis pendant que j'étois à la Baftille , cela avoit été trop fecret pour qu'on en découvrit quelque chofe ; & d'ailleurs fi cela eut été, on auroit affurement doublé ma peine. Ce qui me fait croire que la chose arriva parce que S. E. voyant que Me. d'Hautefort n'étoit pas de ses amies & qu'elle avoit une grande passion pour la Reine, il voulut mettre à sa place dans l'esprit du Roi une personne entierement dépendante de lui ; & pour cet effet, il jetta les yeux sur Monsieur de Cinq - Mars, fils de Mr. d'Effiat son parent, qui l'étoit aussi de Mr. des Noyers, mais il fut trompé ; car Mr. de Cinq - Mars le voulut supplanter lui - même, & l'accabler en lui suscitant une grande guerre par des négociations qu'il fit en Espagne, & qui causérent sa perte. La Reine pour avoir eu connoissance de ses desseins en fut très-mal auprès du Roi, jusques - là qu'on fût près de lui ôter ses enfans.

Dès que j'eus appris que Madame d'Hautefort étoit au Mans, j'allai lui rendre mes devoir sous le nom de l'*Hermitage*, de peur qu'on ne mandât à la Cour que j'y avois été. ce qui lui auroit pû nuire, & à moi aussi. Il ne se passa point d'année que je n'eusse l'honneur de la voir, & de faire de petits voyages avec elle. De son côté elle en fit un à Saumur, où elle avoit mandé à Mademoiselle de Chemerault de se trouver. Je leur avois retenu un logement pour les loger ensemble, & cette affaire devoit être fort secrete; mais cette Demoiselle qui gardoit toujours des mesures avec la Cour, où elle faisoit tout son possible pour retourner, ne faisoit rien aussi qui lui pût nuire. Elle donna avis qu'elle venoit à Saumur avec Mad. d'Hautefort, & le publia avant de partir de Poitiers; ensorte que quand Madame d'Hautefort arriva à l'hôtellerie il n'y avoit pas un valet, ni une servante qui ne sçut leur arrivée. Cela me surprit & me donna du

ſoupçon ; car j'étois aſſuré que cela
ne venoit point de Madame d'Hautefort , & comme je ſçavais que
Mademoiſelle de Chemerault avoit
trop d'eſprit , pour avoir rien dit
ſans y penſer , je crus qu'elle avoit
fait courir ce bruit exprès. Et ce qui
me le confirma fut que j'apperçus
en même-temps M. de Noirmoutier
qui arrivoit à l'hôtellerie voiſine de
celle où elles devoient loger , lequel
me dit auſſi - tôt que Mademoiſelle
de Chemerault lui avoit mandé que
Mad. d'Hautefort & elle devoient
venir à Saumur. Il me déclara le
ſujet de ſon voyage , qui étoit une
extrême paſſion pour Mad. d'Hautefort , à laquelle il venoit offrir ſon
ſervice , & que Mademoiſelle de
Chemerault lui avoit promis de le
ſervir , qu'il croyoit l'occaſion d'autant plus favorable , qu'on n'en ſçauroit rien. Mais lorſque je lui eus dit
que Mr. de Villars étoit avec elle ,

il en pensa mourir de douleur, & il
cherch tous les moyens d'écarter
M. de Villars, & de parler à Madame d'Hautefort & à sa confidente,
sans qu'il le sçut, ce que lui ayant
fait connoître être impossible, jamais homme ne fut plus affligé. Il
étoit résolu d'aller chez un Orfé-
vre faire faire un cachet du Roi,
puis de fabriquer une lettre de cachet portant ordre à Mr. de Villars
de se rendre en diligence à Paris,
& de la lui envoyer par un homme
aposté, mais il en fut dissuadé par
un Gentilhomme, nommé du Rossai,
qui étoit à lui.

Madame d'Hautefort fut extrêmement surprise, lorsque je lui dis cela,
& crut bien d'abord que c'étoit Mademoiselle de Chemerault qui lui
avoit fait cette piéce. De quoi elle
fut fort en colere contre elle ; mais
avec tout cela, elle ne se put défendre de le voir, ce qui n'avança pas

ſes affaires, & quoiqu'il voulut s'aller jetter dans la riviere, où en faire
le ſemblant, on étoit fort réſolu de
le laiſſer boire, ſans lui en faire raiſon ; il fit tout ce que l'amour peut
ſuggerer quand il eſt extrême, &
que le ſujet eſt ſans défauts. Mais il
avoit affaire à une perſonne qui n'é-
toit pas aiſée à toucher, & pour laquelle les têtes couronnées avoient
ſouvent fait des vœux, qui n'avoient
jamais été exaucés. Elle le congédia
pluſieurs fois, mais comme elle vit
qu'il ne ſe rebutoit pas, elle partit
de grand matin, & s'en retourna au
Mans, il courut après : on ferma les
portieres du carroſſe, & enfin on le
traita de maniere qu'il fut obligé de
s'en retourner à Saumur, où il fut
encore quelques jours avec Mademoiſelle de Chemerault, & comme
Madame d'Hautefort s'étoit ſéparée
d'elle aſſez froidement, elle voulut
me faire voir par le traitement qu'elle

faisoit à M. de Noirmoutier, qu'elle
n'étoit point tant son amie, & qu'elle
en étoit même importunée, elle lui
tiroit la langue par derriere en se mo-
quant de lui, ce qu'elle pouvoit aussi
bien faire à Madame d'Hautefort
qu'à lui ; car cette bonne Demoiselle
étoit fort adroite à servir les deux
partis, comme il paroîtra par ce que
je vais dire.

L'année d'après, Madame d'Hautefort me menda que je l'allasse attendre à Tours, & me pria de l'accompagner à Poitiers, ce qui fut
fait. Nous y fûmes huit jours, &
Mr. de Villemontée, Intendant de
Justice nous y traita splendidement;
pendant tout ce temps - là j'appris
à Poitiers que Mademoiselle de
Chemerault avoit intelligence à la
Cour, & que même elle en recevoit
des bienfaits, ce qui paroissoit par la
dépense qu'elle faisoit, à quoi elle
n'eût pû fournir de son revenu par-

ticulier. Je l'observai dans les entretiens, & comme je me défiois d'elle, il ne me fut pas difficile de connoître que les soupçons que j'avois eu n'étoient pas mal fondés. J'avertis Mad. d'Hautefort de ce que j'avois vû & entendu ; mais comme elle est bonne , & qu'elle a la conscience dilicate., elle ne put croire qu'elle fut capable de faire une si lâche action , & comme de jour en jour je m'affermissois dans la croyance qu'elle trompoit son amie, je ne pouvois m'empêcher d'avertir Madame d'Hautefort de prendre garde à elle , & sa générosité naturelle l'empêchoit toujours d'ajouter foi à ce que je lui disois , ne pouvant s'imaginer qu'une personne qu'elle aimoit put commettre un crime dont elle ne pouvoit pas seulement souffrir la pensée ; aussi pour avoir jugé par elle-même, elle se trouva trompée, & n'en put jamais être persua-

dée qu'après la mort de S. E. dans
le cabinet duquel il se trouva dix-
sept lettres, où par le moyen de Madame de la Malaye, elle rendoit un
compte fort exact à S. E. de tout ce
que Madame d'Hautefort lui avoit
confié, tant de ce qui la concernoit
en particulier, que de ce qui regardoit la Reine, laquelle envoya ces
lettres à Madame d'Hautefort au
Mans, & qui depuis ont été vûes de
toute la France, & imprimées pendant les désordres de Paris.

Mr. le Cardinal étant mort le 2.
Décembre 1642. le Roi tomba malade quelques temps après d'une maladie si violente qu'on crut qu'il
n'en échapperoit point : on nous
avertissoit de tout ce qui se passoit,
& qu'il étoit nécessaire que Madame
d'Hautefort se trouva auprès de la
Reine, aussi-tôt que le Roi seroit
mort ; c'est pourquoi nous crûmes
qu'il ne falloit pas attendre cette

nouvelle pour partir. Nous vînmes *incognitò* à Paris, nous y arrivâmes exprès fort tard, de peur de rencontrer des gens de connoissance, ce qui nous donna bien de la peine; car tant de gens s'étoient rendus à Paris à cause du changement de régne qu'on croyoit fort proche, que nous fûmes jusques à onze heures du soir sans pouvoir trouver où nous loger; nous trouvâmes enfin une maison garnie sur les fossés près l'Hôtel de Condé, où nous vîmes le lendemain matin force apparence d'un mauvais lieu. Nous y apprîmes en même-temps que le Roi se portoit mieux, qu'il s'étoit fait faire le poil, & qu'il jouoit de la guittare, si bien que nous reprîmes aussi-tôt le chemin de Blois & de-là à Saumur, d'où Madame d'Hautefort s'en retourna au Mans.

Quelques temps après nous eûmes des avis certains que le Roi étoit

mort

mort le 14 Mai 1643. & aussi-tôt la Reine envoya du Tale à Madame d'Hautefort, avec ordre de me venir querir. J'allai trouver Madame d'Hautefort au Mans, & j'y rencontrai Gaboury qui étoit encore venu pour la hâter de partir.

Nous nous en allâmes tous à Paris où d'abord la Reine nous fit la meilleure réception du monde ; & comme je ne m'étois pas présenté à elle dès le soir de notre arrivée, elle m'en fit reproche, & me demanda pourquoi je n'étois pas allé la voir en arrivant. Je m'en excusai sur ce que je n'étois pas habillé de deuil.

Après que je lui eus fait mon compliment, elle dit tout haut devant Messieurs les Evêques de Beauvais & de Nantes, Mr. le Président de Bailleul, & plusieurs autres : *Voilà ce pauvre garçon qui a tant souffert pour moi, & à qui je dois tout ce que je suis à présent.* Ce qu'elle

K

redit plusieurs fois & qu'elle n'auroit
jamais de repos qu'elle ne m'eut mis
en état d'être satisfait d'elle.

Deux ou trois jours après elle
commença, en me disant qu'elle
avoit affaire auprès du Roi d'une
personne qui fut absolument à elle,
qu'elle avoit jetté les yeux sur moi,
& qu'elle croyoit que je ne lui man-
querois jamais ; après que je l'en eus
assuré, elle me dit qu'elle me donnoit cent mille livres pour acheter
de Beringhen la charge de premier
Valet de Chambre du Roi : après
l'avoir remercié, elle me dit que je
n'en demeurerois pas là, que je ne
me misse point en peine, & que je
la laissasse faire : je ne doute point
qu'elle ne m'eut tenu parole si elle
n'en eut été empêchée ; elle me témoigna être fort embarrassée de tant
de gens qui lui demandoient ; mais
qu'elle vouloit préférer ceux qui l'a-
voient servie aux autres ; à quoi je

lui répondis que dans toutes les affaires où elle feroit importunée, il
n'y avoit point d'autre moyen pour
s'en foulager que de faire juftice à
tout le monde : elle me dit qu'elle y
étoit bien réfoluë, & qu'elle feroit
grande différence entre les gens de
la folitude, & ceux de la multitude ;
cependant la multitude l'emporta
dans la fuite.

Il y avoit plufieurs brigues à la
Cour pour le gouvernement, celle
du Cardinal Mazarin, & celle de
Meffieurs de Beaufort & de Beauvais, entre lefquelles on ne fçavoit
celle qui prévaudroit ; ce qui m'engagea de dire à la Reine que comme j'étois à elle d'une maniere que
je voulois bien que tout le monde
fçut, je la fuppliois très-humblement de me dire laquelle de ces
brigues elle vouloit protéger, parce
que je ne fçavois quel parti prendre, & que je n'en voulois point,

K 2

d'autre que le sien ; elle me répondit qu'elle avoit jetté les yeux sur le Cardinal Mazarin, dont ensuite elle me dit tous les biens imaginables, ce qui me fit connoître que le choix en étoit fait ; ainsi je la suppliai de me donner sa connoissance, ce qu'elle reçut fort bien, & dès le soir même, S. E. étant avec elle en particulier dans son grand cabinet, S. M. en sortit pour me dire que j'y entrasse, & que je lui disse mon nom.

Comme elle venoit de l'entretenir de tous les services que je lui avois rendus, il m'embrassa à plusieurs reprises, & me dit qu'il sçavoit l'estime que la Reine faisoit de moi, qu'il avoit appris mes services, & que n'ayant point d'autre dessein que de servir S. M. il seroit ami de tous ses serviteurs, & le mien particulierement, ce qu'il tâcha de me persuader par de belles promesses : il me pria de le voir tous

les matins à quoi je ne manquai
guéres; & si j'y manquois quelquefois, il m'en faisoit le soir des plaintes chez la Reine, & me disoit que
quand même il ne seroit pas éveillé,
il vouloit que j'entrasse dans sa
chambre, & donna ordre à l'Abbé
Auvray, son Maître de Chambre,
de m'en laisser l'entrée libre à quelque prix que ce fût, ce qui dura
quelque temps avec une grande familiarité.

Depuis s'étant plaint à moi que
la Reine ne se faisoit pas assez res-
pecter de ses Domestiques & particulierement de ses femmes, il me
dit qu'il falloit que je le disse à Sa
Majesté & que je la portasse à vivre
d'une autre façon : je crus d'abord
qu'il vouloit éprouver par-là si j'a-
vois assez de crédit pour servir ou
pour desservir ; je lui répondis,
que la Reine étoit bonne, & qu'elle
avoit toujours vécu fort familiere-

ment avec ſes Domeſtiques, que c'étoit cette bonté qui faiſoit qu'on la ſervoit avec tant de paſſion ſans intérêt, & qu'elle n'avoit point eu juſqu'à préſent d'autre monnoye pour payer ſes ſerviteurs. Il me dit qu'il ne falloit pas abuſer de cette bonté, ce dont je demeurai d'accord. Nous nous ſéparâmes avec des ſentimens bien contraires ; car il me prit pour une bonne bête, & moi je ne le pris ni pour l'un ni pour l'autre : toutefois nous fûmes encore en bonne intelligence ; car il n'étoit pas encore dans une aſſiette aſſez bien affermie pour ne pas craindre d'augmenter le nombre de ſes ennemis.

Dans cet intervalle je fus en état de rendre ſervice à mes amis ; je fis revenir Mr. de la Berchere, comme je lui avois promis, je fis donner à Gaboury la charge que j'avois chez la Reine, j'obtins pour M. le Comte

de Montignac, frere de Madame
d'Hautefort, la charge de Capitaine
Lieutenant des Gendarmes de Monsieur, & je fis donner une place de
femme de chambre de la Reine, va-
cante par la mort de Madame de
Lingende, à Madame de la Mouf-
sardiere, qui étoit à Madame d'Hautefort, laquelle me laissa demander
toutes ces choses parce qu'elle ne
vouloit pas avoir obligation à S. E.
elle ne lui demandoit rien, ce qui
faisoit que ses proches ne s'en trouvoient pas mieux.

A quelque temps de-là M. le Cardinal eut ombrage de Mademoiselle d'Ance, femme de chambre
de la Reine, laquelle entroit au Prie-
Dieu de S. M., & avoit grand part
en sa familiarité : il ne me la nomma
pas ; mais il me fit un second chapitre des femmes de la Reine en général, me disant qu'il falloit que je
disse à la Reine qu'elle n'eut plus de

familiarité avec ses femmes, & que
cela lui faisoit tort ; que je ne me
misse pas en peine, & qu'il me main-
tiendroit bien. Je l'entendis fort
bien, & lui dis, que je lui avois promis d'être son serviteur ; mais que je
suppliois S. E. de se servir de moi
dans les choses ausquelles j'étois propre, qu'il étoit dans une place, où il
trouveroit assez de gens disposés à le
servir en toutes choses, que pour
tout ce que pourroit faire un homme
de bien, & un homme d'honneur, je
le ferois avec un grand zele, que
pour celles qu'il desiroit actuelle-
ment de moi, je les ferois si mal, &
de si mauvaise grace, qu'il n'en re-
tireroit jamais l'avantage qu'il souhaitoit : il me prit les mains, & me
dit qu'il m'en estimoit davantage ;
mais avec tout cela ce fut le com-
mencent de l'aversion qu'il eut depuis pour moi, laquelle s'accrut à
mesure qu'il s'établit dans l'esprit de

la Reine, duquel devenu maître, il
ne se soucia plus de personne.

Il s'en déclara un jour à l'Abbé
de Beaumont, Précepteur du Roi,
depuis Evêque de Rhodès & Archevêque de Paris, lequel lui donnoit
un avis comme son serviteur, qui
étoit que tout le monde se plaignoit
de lui à cause de sa façon de donner,
qu'il promettoit la même chose à
cent personnes, & que ne la pouvant
donner qu'à une seule, il en désobli-
geoit quatre-vingt-dix-neuf, & que
même il n'obligeoit pas la centiéme
à qui il la donnoit, à cause de la longueur du temps qu'il la faisoit attendre, ou à cause de ce qu'il éxigeoit
de ceux à qui il donnoit : il répondit
à M. de Beaumont *que les François*
s'accoûtument s'ils veulent à ma fa-
çon d'agir ; car je ne me veux pas
accoûtumer à la leur ; quand j'au-
rai le Roi & la Reine pour moi, ils
seront tous mes amis , & si je tom-

bois dans leur disgrace, je n'aurois
plus que faire d'eux, parce que je ne
demeurerois pas en France, & si j'y
demeurois ceux que j'aurois le plus
obligés seroient mes plus grands en-
nemis.

Tous les serviteurs de la Reine
s'apperçurent bien-tôt que leurs affaire n'iroient pas bien sous la conduite de ce nouveau Ministre; & entr'autres Madame d'Hautefort qui
avoit perdu sa fortune pour avoir
trop aimé la Reine, fut la premiere
à connoître cette vérité du Pseaume:
Ne mettez point votre confiance dans
les grands de la terre. Car d'abord
que nous fûmes arrivés de nos éxils,
un soir ayant voulu entrer au Prie-
Dieu de la Reine, comme elle faisoit autrefois, Madame d'Ance lui
dit de la part de S. M. qu'elle sortit,
& que la Reine ne vouloit personne
avec elle à cette heure-là. Madame
d'Hautefort me le dit aussi-tôt, &

qu'elle eut voulu être encore au Mans ; cependant la Reine la traitoit bien encore à cela près.

Mr. le Cardinal cependant, pour se faire des créatures à lui seul, & pour empêcher que personne ne s'attachât à la Reine, fit ce qu'il put pour détruire peu-à-peu dans l'esprit de S. M. tous ceux & celles qui l'avoient le mieux servie : de leur côté ils tâchoient de continuer leurs services & de remontrer à Sa Majesté qu'elle perdoit tous ses serviteurs en préférant un étranger à tant d'honnêtes-gens, & que les conférences particulieres qu'elle avoit avec lui serviroient de prétexte à ses ennemis pour donner atteinte à sa réputation. Un jour comme Madame d'Hautefort lui disoit que M. le Cardinal étoit encore bien jeune, pour qu'il ne se fît point de mauvais discours d'elle & de lui, S. M. lui répondit qu'il n'aimoit pas les fem-

K 6

mes, qu'il étoit d'un pays à avoir
des inclinations d'une autre nature.

La grande paſſion qu'avoit Madame d'Hautefort pour la conſervation
de la réputation de la Reine, n'avan-
çoit pas ſes affaires en lui diſant tout
ce qu'elle ſçavoit, & moi qui ne
poúvois me défaire de cet attachement & de cette fidélité que j'avois
toujours eu pour elle, je n'en faiſois pas mieux les miennes ; car au
commencement de la Régence la
Reine m'ayant commandé de l'avertir de tout ce que je ſçavois, qu'elle
ſe fioit en moi, & que je ne crai-
gniſſe rien, je crus qu'elle entendoit
par-là que je lui dirois bonnement
tout ce qu'on diroit d'elle, pour s'en
inſtruire & ſe corriger ; mais comme ſon deſſein n'étoit autre ſinon
que je révélerois ceux qui blâmoient
ſa conduite, & que j'aurois une
complaiſance aveugle, nous ne nous
entendîmes point ; de ſorte que je

ne la servois pas selon son intention, mais bien selon la mienne, qui étoit de la servir véritablement.

Un jour après que le Conseil fut fini, j'entrai dans le cabinet des Livres au Louvre où il se tenoit, & je trouvai la Reine presque seule, car il n'y avoit avec elle que M. de Guitaut, Capitaine de ses Gardes, & Mademoiselle de Siffredi, l'une de ses femmes de chambre. Dès que S. M. me vit, elle m'appella à son ordinaire, & me demanda ce qu'on disoit : Suivant le commandement qu'elle m'avoit fait, je lui parlai librement, & peut être un peu trop : je lui répondis que j'étois fort triste, & que je ne sçavois ce que je lui devois dire, qu'en ne lui disant rien je n'obéïssois pas à ses ordres, & qu'en lui rapportant les bruits communs, je me mettois au hazard de lui déplaire. Elle me repartit qu'elle vouloit absolument que je

lui diffe toutes ces chofes, & qu'elle
me le commandoit. Je lui dis donc
que tout le monde parloit d'elle, &
de S. E. d'une maniere qui la devoit
faire fonger à elle ; que fa vertu
l'avoit mife où elle étoit, que fa
bonne réputation l'avoit défendue
de fes ennemis, qu'elle avoit fçu
confoler toute la France de la mort
du feu Roi, qu'elle avoit vû elle-
même tout Paris aller au - devant
d'elle jufqu'à S. Germain avec des
acclamations qui lui faifoient bien
voir avec quelle fatisfaction elle étoit
reçue pour Régente, avant même
que le Parlement l'eût déclarée ; que
fi une fois elle ne répondoit pas à ce
qu'on attendoit d'elle, & qu'elle
donnât fujet à fes ennemis de la dé-
crier, elle verroit bien-tôt un grand
changement non-feulement dans les
efprits, mais dans les affaires. Elle
me demanda qui m'avoit dit cela.
Je lui dis, tout le monde, & que

cela étoit si commun qu'on ne parloit d'autre chose. Elle devint rouge, & se mit fort en colere disant
que c'étoit M. le Prince qui la dé-
crioit, & faisoit courir ces bruits,
que c'étoit un méchant homme : Je
lui repliquai que puisqu'elle avoit
des ennemis, elle devoit bien prendre garde de leur donner sujet de
parler : à quoi elle repartit que
quand on ne faisoit point de mal,
on ne devoit rien craindre : Je lui
répondis, que ce n'étoit pas assez,
& qu'il falloit garder les apparences, parce que le public ne s'arrête
pas à ce qui est, mais à ce qu'on
dit. Après avoir bien battu la vitre
avec son éventail, elle s'appaisa un
peu, & je pris sujet de lui dire
qu'elle avoit un exemple bien récent
pour sa conduite, sçavoir, celui de
la Reine mere Marie de Médicis,
& du Maréchal d'Ancre, & que les
fautes qu'elle avoit faites, la de-

voient inftruire pour les éviter. Quelles fautes, me dit-elle ? *D'avoir fait mal parler d'elle, & de cet Italien*, lui répondis-je, *d'avoir abandonné dans fa profperité ceux qui l'avoient fervi dans fa premiere difgrace, ce qui avoit été caufe qu'à la feconde, elle avoit été abandonnée de tout le monde, ou affiftée fort foiblement : qu'elle n'avoit point eu foin dans fa profperité de s'affurer de bonnes Places, ou ports de mer, ou frontieres, ni fait provifion d'argent, & qu'enfin elle étoit morte de faim.* Elle me dit, qu'elle y donnoit bon ordre, & qu'elle ne craignoit pas de manquer, parce qu'elle ne fe départiroit jamais du fervice du Roi. Je lui dis alors que, puifqu'elle fe chagrinoit je ne l'avertirois plus de rien : elle me repliqua que ce n'étoit pas contre moi, & qu'elle vouloit que je continuaffe à lui faire fçavoir toutes chofes. Là-deffus il entra quelqu'un qui finit le dialogue.

Je ne fus pas le seul qui donnai
cet avis à la Reine, & qui lui rap-
portai l'exemple de la feue Reine
mere. M. Cottignon, pere de mon
épouse que j'introduisis un jour dans
la chambre de S. M. suivant la fran-
chise de son naturel, lui dit la chose devant le monde, & avec bien
moins de réserve ; ce qui arriva sur
ce que la Reine lui ayant dit que si la
défunte Reine l'avoit voulu croire,
elle auroit évité tous les malheurs
qui l'avoient accablé : M. Cottignon
lui repliqua librement, *il est vrai,*
Madame ; *mais vous êtes toutes fai-*
tes comme cela, si vous vouliez vous
jetter par la fenêtre, il ne seroit pas
permis de vous retenir par votre
robe, il faut vous laisser noyer.

Comme je voyois que tous ces
discours fâchoient la Reine, j'essayai
de la détromper par une autre voye,
& plus libre, & moins dangereuse :
j'écrivis une lettre où je marquai

généralement tous les bruits qu'on faisoit courir d'elle, ce qu'elle devoit faire pour les détruire, & les choses que je prévoyois devoir arriver si elle n'y donnoit ordre. L'ayant fait copier d'une autre main, je la mis dans son lit, où elle la trouva en se couchant : elle se mit fort en colere après l'avoir lûe, ce qu'elle me fit paroître le lendemain matin, en me la montrant, sans pourtant me permettre de la lire ; mais cette voye ne réussit pas mieux que les autres.

Il y avoit encore quelqu'espérance que les choses pourroient changer par le retour de Madame de Chevreuse ; mais M. le Cardinal craignant son esprit, prévint celui de la Reine contr'elle, & l'engagea de vivre avec elle d'une maniere plus réservée que par le passé ; c'est pourquoi Sa Majesté étoit résolue de m'envoyer au-devant d'elle pour lui dire qu'elle changeât d'humeur, parce qu'elle-même en avoit changé ; mais M. le Cardinal ne me croyant pas affez dans fes intérêts pour lui infpirer les fentimens qu'il vouloit, choifit Montaigu à ma place pour faire cette commiffion. A fon arrivée Madame de Chevreufe fe trouva auffi étonnée que les autres ; car elle ne trouva aucun refte de cette grande amitié du temps paffé ; ce qui lui fit prendre le parti des Importans, dont M. de Beaufort autrefois de fes amis étoit le chef.

Je ne rapporterai point toutes les intrigues que firent les différens partis pour fe détruire les uns les autres. Je me contenterai de dire que celui de M. de Beaufort fuccomba, & qu'il fut pris, par ce, dit-on, que M. le Cardinal eut foupçon qu'il avoit des deffeins un peu violens contre fa perfonne : voici comment il fut arrêté.

J'étois dans le cabinet de la Reine, où étoit Sa Majesté, Son Eminence, Madame & Mademoiselle de Chevreuse, Madame d'Hautefort, M. de Beaufort, & M. de Guitaut ; la Reine & M. le Cardinal sortirent pour aller dans une petite chambre qu'elle avoit prise du logement du Roi, qu'on appelloit la chambre grise, aussi-tôt M. de Guitaut s'approcha de M. de Beaufort qui parloit à ces Dames, & lui dit tout bas qu'il avoit ordre de la Reine de s'assurer de sa personne : M. de Beaufort redit tout haut à ces Dames ce que M. de Guitaut lui avoit dit, & sortit en même temps ; il coucha cette nuit dans le Louvre, & le lendemain fut mené à Vincennes.

Ce fut-là une grande marque du pouvoir de S. E. qui jetta dans le désespoir tous ceux qui n'étoient pas de son parti, & tous les véritables serviteurs de la Reine. Mais peu après il arriva des choses non-feulement difficiles à croire, mais même à imaginer.

Dès le lendemain Madame de Chevreuse eut ordre d'aller à Dampierre; mais la Reine craignant qu'à cause de la proximité de ce lieu plusieurs perfonnes ne l'allaffent voir, m'envoya lui porter un fecond ordre d'aller à Tours.

La violence qu'on fit à la Reine pour venir à ces extrêmités, & la liberté que chacun fe donnoit de cenfurer fes actions, lui cauferent tant d'affliction qu'elle en eut la jauniffe, de quoi cette Princeffe n'étoit point tant à plaindre que de ce qu'elle entretenoit elle-même la caufe de fon mal. Ses ferviteurs qui la voyoient courir à fa perte eurent recours à Madame d'Hautefort, parce qu'il n'y avoit perfonne à la Cour qui dût être mieux dans fon efprit qu'elle, tant par fes fervices que par

fa vertu : Madame de Seneçay fut
de ce nombre & beaucoup d'autres
qui étoient bien aifes qu'elle cafsât
la glace, & dit librement toutes
chofes à la Reine.

Elle qui n'en difoit que trop pour
le peu que cela fervoit, fe piquant
de générofité, voulut fervir la Reine en dépit d'elle, ce qui peu-à-
peu la fit appréhender à la Reine,
qui enfuite la prit en telle averfion
qu'elle ne la pouvoit plus fouffrir ;
& comme Mad. d'Hautefort n'avoit
point de défauts par où elle put
donner prife fur elle, S. M. prit occafion de fe moquer d'elle, de ce
qu'elle s'amufoit à ramafser tous les
écrits du temps, & voulut par ce
moyen la tourner en ridicule devant
tout le monde. Madame d'Hautefort s'apperçevant que la froideur de
là Reine augmentoit, fe reint autant que la paffion qu'elle avoit pour
fon fervice le pouvoit permettre ;

mais comme S. M. vit qu'elle ne lui
disoit plus rien du Cardinal, elle
crut qu'elle en parloit à tout le
monde, & qu'il n'y avoit plus d'en-
tretien à la Cour qui ne fut à ses
dépens ; en voici une preuve bien
certaine.

Un soir pendant l'hyver de 1644,
Gaboury & moi, nous nous chauf-
fions dans son cabinet, ou Madame
d'Hautefort arrivant se chauffa aussi,
& après avoir bien chauffé sa jupe,
se la fourra entre les jambes, ce qui
nous fit rire ; la Reine entra en même temps qui nous voyant rire,
crut que c'étoit d'elle, puisque nous
avions cessé de rire à son arrivée.

Quelques jours après un Gentil-
homme-servant de la Reine nommé
du Nedo, de Bretagne, ayant prié
Madame d'Hautefort de demander
quelque chose pour lui à S. M. elle
se chargea volontiers de son Placet,
tant elle avoit de plaisir à obliger

tous ceux qu'elle pouvoit ; si bien que le soir au couché de la Reine, elle lui présenta ce Placet que S. M. refusa, disant que d'autres personnes avoient demandé la même chose ; Madame d'Hautefort insista fort pour ce Gentilhomme ; en sorte que la Reine qui ne cherchoit qu'un prétexte, la querella, & la chose alla si loin que le lendemain au matin elle eut ordre de se retirer, au grand étonnement de toute la Cour & de toute la France ; & quand la Reine l'a vûe depuis, après son mariage avec M. de Schomberg, ç'a toujours été d'une maniere fort froide.

On crut d'abord que je serois aussi chassé parce que l'on voyoit que la Reine me faisoit froid, & ne me parloit plus à son ordinaire : je laissai passer huit ou dix jours, sans dire mot, attendant toujours qu'elle me parlât ; mais comme je vis

vis qu'elle continuoit son froid sans
me rien dire, je pris mon temps pour
lui demander si j'avois été assez malheureux pour lui avoir déplu? Et que
si cela étoit, je ne sçavois pas en quoi;
qu'il y avoit long-temps que je m'é-
xaminois, & que je ne me trouvois
coupable de rien. Elle me répondit
que je ne devois pas trouver étrange
qu'elle me fit froid, puisque j'étois
plus à Madame d'Hautefort qu'à elle.
Je ne pus m'empêcher de crier contre cela; & comme je voulois dire
mes raisons, elle m'interrompit en
me disant que depuis que Madame
d'Hautefort étoit hors de la Cour,
il sembloit que j'étois mort, & que
j'étois si triste, qu'il étoit bien aisé
de voir que ses intérêts me touchoient plus que les siens. Je lui dis
qu'il étoit vrai que j'étois triste, que
j'avois bien sujet de l'être, & que la
disgrace de Madame d'Hautefort
m'avoit si sensiblement touché que

L

je ne m'en pouvois remettre : *On le*
voit bien, me dit-elle : *oui*, *Mada-*
me, lui répondis-je, *j'en suis tou-*
ché; *mais c'est plus pour votre inté-*
rêt que pour le sien. Si V. M. sçavoit
le tort que lui fait cette disgrace,
elle ne regarderoit point comme ses
serviteurs, *ceux qui n'en sont pas*
touchés; *oui*, *Madame*, ajoûtai-je,
il faut que Votre Majesté sçache que
toute la terre la blâme d'avoir éloi-
gnée d'elle une personne d'un tel mé-
rite, & *qui vous a si bien servie*, &
cela sans autre sujet, *que d'avoir*
trop de passion pour Votre Majesté:
Qui le sçait mieux que moi? Tu sçais
bien, me répliqua-t'elle, *qu'il y a*
long-temps qu'elle se mocque de moi,
& *qu'elle en fait des contes à tout le*
monde, & *tu es assez bien avec elle*
pour qu'elle ne t'ait pas celé ce qu'elle
a dit à tant d'autres, & *tu ne m'en*
a pas averti. Je lui protestai que je
ne lui avois jamais entendu dire au-

cune chose dont elle se put offenser,
& que si je lui avois dit tout ce que
je lui avois entendu dire, elle auroit
été obligée de lui vouloir plus de
bien qu'elle ne lui vouloit de mal :
Elle me dit que cela étoit fort bon si
elle ne l'avoit pas vû elle-même se
moquer, & lui rire au nez de tout ce
qu'elle disoit : *Tu sçais bien, ajouta-
t-elle, & si tu voulois avouer la vérité, tu demeurerois d'accord que
dernierement, quand je vous trouvai
elle, Gaboury, & toi dans mon cabinet, vous riez de moi ; car lorsque
j'entrai je vous trouvai tous inter-
dits.* Je ne pus m'empêcher de lui
dire qu'il étoit bien étrange, qu'elle
eut cette opinion, & qu'il n'y avoit
qu'elle en France qui put croire que
S. M. put donner des sujets de risée
& de moquerie, & que s'il y avoit
des gens assez impertinens pour cela
je n'étois pas homme à le souffrir,
bien loin d'être du nombre. *Il est*

vrai, *Madame*, ajoûtai-je, *que je
suis serviteur de Madame d'Hautefort*, & *V. M. elle-même m'a dit
plusieurs fois, que je lui avois obligation*. *Mais*, me repliqua-t-elle,
*si elle vous a procuré du bien, c'est
moi qui vous l'ai fait :* il est vrai,
Madame, lui répondis-je, *tout le
monde le sçait*, & *s'il falloit prendre parti, V. M. ne me verroit pas
bàlancer*, & *je ne crains pas qu'elle
ait jamais sujet de m'accuser d'ingratitude*. *Mais pourtant*, me dit-
elle, *des gens à qui je ne me fiois pas
tant qu'à toi, m'ont avertis de bien
des choses que tu sçavois aussi bien
qu'eux*. Est-il possible, lui repartis-
je, que *Votre Majesté* croye tout ce
que l'on dit? Ne sçait-elle pas bien
qu'une partie du monde fait sa cour
aux dépens de l'autre? Et que dès
qu'on voit une personne mal à la
Cour, tous les officieux lui donnent
à dos, non pas par complaisance &

pour l'amour de vous, mais pour l'amour d'eux-mêmes. Je supplie très-humblement V. M. de croire que je ne céde point à ces gens-là ni en fidélité, ni en affection; mais avec tout cela je ne sçaurois être son serviteur qu'autant que mon honneur, & ma conscience me le permettent, & je ne crois pas qu'elle voulut que je me damnasse en la servant. Jesus nenni, me répondit-elle : Que V. M. s'assure donc, lui repliquai-je, que je la servirai bien, non pas à la façon de ces gens-là, qui vous en ont tant dit, & je m'assure, si V. M. me veut dire la vérité, que lorsqu'ils lui ont fait tous ces contes, ils l'ont priée de ne les pas nommer. A cela elle se prit à sourire un peu, ce qui me fit croire que j'avois deviné. Enfin Madame, lui dis-je, si V. M. veut que je la serve en ruinant des gens pour faire ma fortune, j'y renonce de bon cœur, & j'aime

mieux qu'elle me renvoye à la Baſtille, d'où elle m'a tiré, que d'être
à la Cour à cette condition : qu'elle
ne croye pas pour tout cela que je
refuſe de la ſervir, & de lui donner des avis quand l'occaſion s'en
préſentera ; mais s'il ſe trouve des
gens qui diſent ou faſſent des choſes contre votre ſervice, je ne vous
prierai pas de ne me point nommer,
car je le leur ſoutiendrai à eux-mêmes.

Après cette grande conférence la
Reine me commanda d'aller trouver
Son Eminence, & de lui rapporter
tout ce que je lui avois dit. Je le fus
trouver chez lui à Paris, ou après
que je lui eus dit à-peu-près les mêmes choſes qu'à la Reine, il me témoigna être ſatisfait de moi ; mais
que Madame d'Hautefort avoit eu
tort de manquer de complaiſance
pour la Reine, & qu'elle avoit l'eſprit altier : à quoi je répondis qu'elle

étoit gasconne, & qu'il devoit excuser cela, puisqu'au fond elle étoit la meilleure personne du monde. *Je ne me suis point mêlé de cela, me dit-il; mais aussi je ne me suis point mêlé de la défendre; car elle n'a jamais voulu être de nos amies.* Là-dessus il entra du monde qui m'obligea à la retraite, & depuis ce temps-là, ses affaires allerent toujours de bien en mieux, & les nôtres de mal en pis.

A quelque temps de-là, pendant l'Eté de l'année 1644 la Cour étant à Fontainebleau, il me donna un trait de sa politique. Se promenant dans le jardin de la Valiere, il m'appella, & me demanda ce que faisoit Madame d'Hautefort; je lui dis que je croyois qu'elle prioit Dieu, & que je ne lui voyois point d'autre recours: il me dit qu'il n'y avoit rien de desesperé, & que son accommodement dépendoit de sa conduite. C'étoit sa façon d'agir; car il n'a jamais poussé perfonne à bout, qu'en même temps, il ne lui ait donné des efpérances , pour l'empêcher de fe porter aux extrémités contre lui.

L'an 1645 après que le Roi fut tiré des mains des femmes, que le Gouverneur, le Sous-Gouverneur, les premiers Valets de chambre entrerent dans les fonctions de leurs charges , je fus le premier qui couchai dans la chambre de S. M. ce qui l'étonna d'abord ne voyant plus de femmes auprès de lui ; mais ce qui lui fit le plus de peine étoit que je ne pouvois lui fournir des contes de peau d'ane avec lefquels les femmes avoient coûtume de l'endormir.

Je le dis un jour à la Reine, & que fi S. M. l'avoit agréable, je lui lirois quelque bon livre ; que s'il s'endormoit, à la bonne heure ; mais que s'il ne s'endormoit pas, il pouvoit retenir quelque chofe de la lecture. Elle me demanda quel livre : je lui dis que je croyois qu'on ne pou-

voit lui en lire un meilleur que l'Histoire de France ; que je lui ferois re-
marquer les Rois vicieux pour lui
donner de l'averſion du vice, & les
vertueux pour lui donner de l'émulation, & l'envie de les imiter. La
Reine le trouva fort bon ; & je dois
ce témoignage à la vérité, que d'elle-
même elle s'eſt toujours portée au
bien, quand ſon eſprit n'a point été
prévenu. Mr. de Beaumont me donna l'hiſtoire faite par Mezerai, que
je liſois tous les ſoirs d'un ton de
conte ; en ſorte que le Roi y prenoit
plaiſir, & promettoit bien de reſſem-
bler aux plus généreux de ſes Ancêtres, ſe mettant fort en colere
lorſqu'on lui diſoit qu'il ſeroit un
ſecond Louis le fainéant ; car bien
ſouvent je lui faiſois la guerre ſur ſes
défauts, ainſi que la Reine me l'a-
voit commandé.

Un jour à Ruel ayant remarqué
qu'en tous ſes jeux il faiſoit le per-

L 5

fonnage de valet, je me mis dans
fon fauteuil, & me couvris, ce qu'il
trouva fi mauvais qu'il alla s'en
plaindre à la Reine, ce que je fou-
haitois; auffi-tôt elle me fit appeller,& me demanda en fouriant pourquoi je m'affeyois dans la chambre
du Roi, & me couvrois en fa préfence : je lui dis que puifque le Roi
faifoit mon métier, il étoit raifonnable que je fiffe le fien, & que je
ne perdrois rien au change; qu'il
faifoit toujours le valet dans fes divertiffemens, & que c'étoit un mauvais préjugé. La Reine qu'on n'a-
voit pas encore prévenue là-deffus,
lui en fit une rude reprimande.

Quant à la lecture de l'hiftoire,
elle ne plut point à M. le Cardinal;
car un foir à Fontainebleau le Roi
étant couché, & moi deshabillé en
robe de chambre, lui lifant l'Hiftoire de Hugues Capet, Son Eminence pour éviter le monde qui l'attendoit, vint paffer dans la chambre

du Roi pour de-là descendre dans le
jardin de la Valiere, & aller à la
Conciergerie où il logeoit : il vint
dans le baluftre, où il vit le Roi qui
fit femblant de dormir dès qu'il l'apperçût, & me demanda quel livre je
je lifois ; je lui dis ingénument que
lifois l'Hiftoire de France à caufe
de la peine que le Roi avoit à s'endormir, fi on ne lui faifoit quelque
conte ; il partit fort brufquement
fans approuver ce que je faifois, &
n'ofant le blâmer, il voulut me laiffer à deviner le fujet de fon brufque
départ. Il dit à fon coucher à fes fa-
miliers que je faifois le Gouverneur
du Roi, & que je lui apprenois l'Hiftoire. Le lendemain un de mes amis
qui en avoit oui parler, me dit en
paffant auprès de moi : *Chez S. E.*
vous ne fûte pas bon Courtifan hier
au foir. Je vous entends-bien, lui
dis-je ; mais je ne fçaurois faire au-
trement, tant que je vivrai j'irai

L 6.

droit, & je ferai mon devoir tant que je pourrai ; pour l'évenement je ne m'en mets pas en peine, car il dépend de Dieu.

Il étoit aifé dès ce temps-là, de connoître l'intention de *Mr. le Sur-Intendant de l'éducation du Roi* ; car il étoit couché avec ce titre fur l'état de la Maifon du Roi; mais malgré cela, je ne laiffai pas de dire à la Reine à quelque temps de-là, voyant le peu de foin qu'on prenoit d'en faire un honnête-homme, qu'autrefois elle m'avoit fait l'honneur de me dire, lorfqu'elle s'emportoit contre les défauts du feu Roi, que fi jamais Dieu lui faifoit la grace d'avoir des enfans, elle les feroit bien élever d'une autre maniere qu'il ne l'avoit été ; & que S. M. en ayant préfentement, elle y devoit fonger férieufement, & qu'elle auroit toujours meilleur marché d'un honnête-homme que d'un autre. Elle me dit pour cette fois, qu'elle n'y oublieroit rien.

Je me retirai en difant en moi-même
Dieu le veuille.

Comme le Roi croiffoit, le foin
qu'on prenoit de fon éducation
croiffoit auffi, & l'on mettoit des
efpions auprès de fa perfonne, non
pas à la vérité de crainte qu'on ne
l'entretint de mauvaifes chofes ;
mais bien de peur qu'on ne lui inf-
pirât de bons fentimens ; car en ce
temps-là le plus grand crime dont
on pût fe rendre coupable, étoit de
faire entendre au Roi qu'il n'étoit
juftement le maître qu'autant qu'il
s'en rendroit digne : les bons livres
étoient auffi fufpects dans fon cabinet
que les gens de bien, & ce beau Ca-
théchifme Royal de M. Godeau n'y
fut pas plutôt qu'il difparut fans
qu'on pût fçavoir ce qu'il étoit devenu.

M. de Beaumont, Précepteur de
S. M. prenoit cependant grand foin
de l'inftruire, & je puis dire avec

vérité, qu'à toutes les leçons où j'é-
tois préfent, j'étois témoin qu'il n'ob-
mettoit rien de ce qui dépendoit de
fa charge ; mais ceux qui étoient auprès de fa perfonne, ou toûjours à fa
fuite, au lieu de lui faire pratiquer les
préceptes qu'il avoit reçus, s'amu-
foient à jouer, ou à épier ceux qui
l'entretenoient, ou à folliciter leurs
affaires. Je ne prétends pas compren-
dre en ce nombre M. du Mont un de
fes Sous-Gouverneurs ; car il y faifoit tout ce qu'un fage Gentilhomme
y pouvoit faire ; mais il y étoit de la
main du Roi, ce qui lui étoit un pé-
ché originel, fi confidérable qu'on
ne lui fçavoit aucun gré de tous fes
foins, & bien éloigné d'en être ré-
compenfé, il ne pouvoit être payé
de fes appointemens, que les autres
recevoient fans peine.

On ne donna point d'enfans d'honneur au Roi, comme les autres Rois
n'en avoient toûjours eu dans leur en-

fance ; la raiſon apparente étoit que
les enfans ne diſent que des bagatelles , & que des gens en âge de
diſcrétion le rendroient raiſonnable
dès ſon bas âge , ce qui fut approu-
vé de tout le monde ; mais ceux qui
voyoient un peu plus clair que le
commun entendirent bien le ſecret
de l'affaire ; des enfans ſans diſcrétion & deſquels on n'eût pû ſe plaindre euſſent pu dire au Roi qu'il étoit
le maître , & qu'il falloit qu'il le fut :
outre cela , ils n'auroient pas rendu compte de tout ce qui ſe ſeroit
paſſé entre le Roi & eux , comme
faiſoient ces gens ſages & diſcrets
dont le but étoit de faire leurs affaires
ſans ſe ſoucier que la France eut un
grand Roi , pourvû que leur fortune ne fut point petite. Nonobſtant
tous les ſoins de ces ſurveillans , je
ne laiſſois pas de frapper de petits
coups , ſi à propos , dans les heures
où je n'étois obſervé de perſonne ,

que le Roi avoit conçu la plus forte
aversion contre le Cardinal, & qu'il
ne le pouvoit souffrir ni lui, ni les
siens.

Lorsque le Roi se couche, le premier valet de Chambre donne par
ordre de S. M. un bougeoir avec
deux bougies allumées, à celui qu'il
plaît au Roi qui demeure à son coucher, & le Roi me défendoit toûjours de le donner à M. de Manci-
ni, qui fut tué depuis au combat
du Fauxbourg St. Antoine, tant il
avoit de peine à souffrir auprès de
lui ceux qui appartenoient à S. E.

Un jour à Compiegne le Roi
voyant passer S. E. avec beaucoup
de suite sur la terrasse du Château,
il ne put s'empêcher de dire assez
haut pour que le Plessis, Gentilhomme de la Manche, l'entendit: *Voilà le*
grand Turc qui passe. Le Plessis le
dit à S. E. & S. E. à la Reine qui le
pressa autant qu'elle put de lui dire

qui lui avoit dit cela ; mais il ne le voulut jamais nommer ; car tantôt il difoit que c'étoit un roufleau, tantôt un homme blond : enfin la Reine fe fâcha tout-à-fait ; mais il tint ferme jufqu'à la fin, & ne nomma jamais celui qui avoit donné le nom de grand Turc au Cardinal, aufli crois-je qu'il avoit eu cette penfée de lui-même.

Il eft vrai qu'il étoit déja fort fe-cret, & je puis dire y avoir contri-bué ; car je lui ai dit plufieurs fois pour l'y préparer qu'il falloit qu'il fut fecret, & que fi jamais il venoit à dire ce qu'on lui auroit dit, il pouvoit s'affurer qu'il ne fçauroit jamais rien que les nouvelles de la Gazette.

Voici encore une marque de l'a-verfion que le Roi avoit pour le Cardinal : étant à S. Germain pen-dant les troubles de Paris, comme S. M. étoit à fa chaife d'affaires, dans un petit cabinet au vieux Château, M. de Chamarante un de mes camarades que le Cardinal avoit mis en cette charge, entra dans le cabinet & dit au Roi, que S. E. sortant de chez la Reine étoit entré dans sa chambre pour être à son coucher, ce qui étoit une chose extraordinaire : le Roi ne répondit aucun mot. Chamarante fut fort étonné de ce silence, & comme il n'y avoit auprès de S. M. que M. du Mont son Gouverneur, un garçon de la chambre & moi, il nous regarda tous les uns après les autres. La crainte que j'eus qu'il ne m'en crut la cause, m'obligea de dire au Roi que s'il ne faisoit rien, il devoit s'aller coucher puisque S. E. l'attendoit. Il ne me répondit non-plus qu'à Chamarante & demeura jusqu'à ce que son Eminence s'ennuya, & s'en alla par le petit degré qui descend au corridor. Comme il

s'en alloit, les éperons & les épées
de tous ceux de sa suite firent grand
bruit dans ce petit degré, ce qui
obligea le Roi de parler, & de nous
dire en regardant si Chamarante y
étoit encore : *Il fait grand bruit où*
il passe, je crois qu'il y a plus de
500 personnes à sa suite. Nous fîmes tout ce que nous pûmes pour lui
persuader que ce bruit venoit de la
concavité du degré.

Quelques jours après, au même
lieu, & à la même heure, le Roi revenant de ce cabinet pour s'aller
coucher, & ayant vû un Gentilhomme de M. le Cardinal nommé Bois-
fermé dans ce passage, il nous dit à
M. de Nyert premier valet de chambre & à moi : *M. le Cardinal est en-*
core chez Maman ; car j'ai vû Bois-
fermé dans le passage, l'attend-il
toûjours comme cela ? Nyert lui dit
qu'oüi, qu'il y en avoit encore un
dans le degré, & deux dans le corri-

dor. *Il y en a donc d'enjambées en enjambées*, répondit-il, avec une mine qui marquoit son averfion.

Quoique le Cardinal eut grand foin qu'on ne dit rien au Roi qui lui pût nuire auprès de lui, je ne laiffois pas, le plus adroitement que je pouvois, d'entretenir fon efprit dans les difpofitions où je le voyois à l'égard de S. E. & quoique je ne fuffe plus bien avec lui, il me fouffroit néanmoins, ne craignant pas que je lui pus faire tort parce que le Roi étoit fort jeune ; &, par cette même raifon, il ne prenoit aucun foin de contenter S. M. en quoique ce fût, & le laiffoit manquer non-feulement des chofes qui regardoient fon divertiffement, mais encore des néceffaires.

La coûtume eft que l'on donne au Roi tous les ans douze paires de draps, & deux robbes de chambre, une d'été, & l'autre d'hyver ; néanmoins je lui ai vû fervir fix paires de draps, trois ans entiers, & une robbe de chambre de velours vert doublée de petit gris servir Hyver & Eté pendant le même temps, en sorte que la derniere année, elle ne lui venoit qu'à la moitié des jambes ; & pour les draps, ils étoient si usés que je l'ai trouvé plusieurs fois les jambes passées au travers, a cru sur le matelas, & toutes les autres choses alloient de la même sorte, pendant que les Partisans étoient dans la plus grande opulence & dans une abondance étonnante.

Un jour le Roi voulant s'aller baigner à Conflans, je donnai les ordres accoûtumés pour cela : on fit venir un carrosse pour nous conduire avec les hardes de la chambre, & de la garderobe ; & comme j'y voulus monter, je m'apperçus que tout le cuir des portieres qui couvroient les jambes, étoit emporté, & tout le reste du carrosse tellement

uſé, qu'il eut bien de la peine à faire
ce voyage: je montai chez le Roi qui
étudioit dans ſon cabinet ; je lui dis
l'état de ſes carroſſes, & que l'on
ſe moqueroit de nous ſi on nous y
voyoit aller: il le voulut voir, & en
rougit de colere : le ſoir, il s'en
plaignit à la Reine, à S. E. & à
M. de Maiſons alors Surintendant
des Finances; en ſorte qu'il eut cinq
carroſſes neufs.

Je ne finirois point ſi je voulois
rapporter toutes les meſquineries qui
ſe pratiquoient dans les choſes qui
regardoient ſon ſervice ; car les eſprits de ceux qui devoient avoir
ſoin de S. M. étoient ſi occupés à
leurs plaiſirs, ou à leurs affaires,
qu'ils ſe trouvoient importunés,
lorſqu'on les avertiſſoit de leur devoir.

M. de Beaumont diſant un jour
à S. E. que le Roi ne s'appliquoit
point à l'étude, qu'il devoit y em-

ployer fon autorité, & lui en faire
des reprimandes, parce qu'il étoit à
craindre, qu'un jour il ne fit de
même dans les grandes affaires ; il
lui répondit, *ne vous mettez pas en
peine, repofez-vous-en fur moi, il
n'en fçaura que trop ; car quand il
vient au Confeil, il me fait cent
queftions fur la chofe dont il s'agit.*

Ce qui nuifoit encore beaucoup
à l'inftruction du Roi, c'eft que fes
véritables ferviteurs, ne lui laiffant
rien paffer, cela lui faifoit une peine
extrême, ce qui n'eft que trop ordinaire à tous les enfans ; de forte qu'il
demeuroit chez lui le moins qu'il
pouvoit, & qu'il étoit toûjours chez
la Reine où tout le monde l'applau-
diffoit, & où il n'éprouvoit jamais
de contradiction.

La Reine étoit fort aife qu'il fe
plût chez elle ; mais elle ne s'appercevoit pas que c'étoit plutôt pour
les raifons que je viens de dire,

que par affection, quoiqu'il en ait
toûjours eu beaucoup pour la Reine,
& beaucoup plus même que les enfans de cette condition n'ont accoû-
tumé d'en avoir pour leur mere.

Je dis un jour à la Reine qu'elle
le gâtoit ; que chez lui on ne lui
souffroit rien, & que chez elle tout
lui étoit permis ; que je la suppliois
très-humblement encore une fois de
se souvenir qu'elle avoit dit autrefois que si Dieu lui faisoit la grace
d'avoir des enfans, elle les feroit
bien mieux élever, que n'avoit été
le feu Roi : à cela elle me demanda
si M. de Villeroi ne s'en acquittoit
pas bien ; je lui dis que je croyois
que tout le monde faisoit son devoir, mais qu'elle y avoit le principal interêt ; elle me commanda de
lui dire si ceux qui étoient auprès
de lui pour son éducation ne s'en
acquittoient pas bien ; & qu'en mon
particulier, je lui dis tout ce que je

croyois

croyois à propos, comme ſi c'étoit mon fils. Je lui dis que je m'attirerois la haine de la plûpart de ceux qui étoient auprès du Roi ; à quoi elle ne me donna d'autre remede, ſi-non que je leur diſſe qu'elle me l'avoit commandé. Il n'y en avoit pourtant pas un qui s'offenſât de ce que je diſois au Roi ; car ils ſçavoient bien tous que celui qui en faiſoit le plus n'en faiſoit pas mieux ſa cour.

Il arriva même pluſieurs fois qu'étant ſeul avec M. de Villeroi, voyant le Roi faire des badineries, après avoir bien attendu que le Gouverneur fît ſa charge, voyant qu'il ne diſoit mot, je diſois tout ce que je pouvois à cet enfant Roi pour le faire penſer à ce qu'il étoit, & à ce qu'il devoit faire ; & après que j'avois bien prôné, le Gouverneur diſoit : *La Porte vous dit vrai, Sire, la Porte vous dit vrai.* C'étoit là toutes

M

ſes inſtructions, & jamais de lui-même, ni en général, ni en particulier, il ne lui diſoit rien qui lui pât déplaire, ayant une telle complaiſance, que le Roi même s'en appercevoit quelquefois, & s'en mocquoit, particulierement lorſque S. M. l'appelloit & lui diſoit M. le Maréchal......il répondoit, oui, Sire, avant de ſçavoir ce qu'on lui vouloit, tant il avoit peur de lui refuſer quelque choſe ; & avec tout cela, il m'a dit pluſieurs fois, qu'on n'avoit jamais vû une perſonne devenir favori de ſon maître, parceque'il étoit obligé de le contredire ſouvent.

Cette complaiſance penſa couter une fois la vie au Roi à Fontainebleau ; car après s'être deshabillé pour ſe coucher, il ſe mit à faire cent ſauts, & cent culbutes ſur ſon lit, avant de ſe mettre dedans ; mais enfin, il en fit une ſi grande qu'il alla de l'autre côté du lit à la renverſe, ſe donner de la tête contre l'eſtrade, dont le coup retentit ſi fort que je ne ſçavois qu'en croire ; je courus auſſi-tôt au Roi, & l'ayant reporté ſur ſon lit, il ſe trouva que ce n'étoit rien qu'une legére bleſſure, le tapis de pied qui étoit ſur des ais pliants ayant paré le coup ; en ſorte que S. M. eut moins de mal de ſa bleſſure que M. le Gouverneur de la peur dont il fut tellement ſaiſi, qu'il demeura un quart-d'heure ſans pouvoir remuer de ſa place. Il ſe ſeroit fort aiſément exempté cette peine s'il eut empêché les culbutes comme il devoit.

La complaiſance de la Reine pen à faire auſſi une autre choſe qui ne valoit pas mieux. Le Roi ayant fait faire un fort dans le jardin du Palais Royal, s'échauffa tant à l'attaquer qu'il étoit tout trempé de ſueur ; on lui vint dire que la Reine s'alloit

mettre au bain ; il courut vîte pour
s'y mettre avec elle, & m'ayant commandé de le deshabiller, pour cet
effet, je ne le voulus pas ; il l'alla
dire à la Reine qui n'ofa le refufer ;
je dis à S. M. que c'étoit pour le faire
mourir que de le mettre dans le
bain en l'état où il étoit ; comme je
vis qu'elle ne me répondoit autre
chofe, fi non qu'il le vouloit ; je lui
dis que je l'en avertiffois, & que s'il
en arrivoit accident, elle ne s'en
prit point à moi. Quand elle vit
que je me déchargeois de l'événement fur elle ; elle dit qu'il falloit donc le demander à Vautier,
fon premier Médecin. Je l'envoyai
promptement chercher, & étant arrivé à temps, il dit à la Reine qu'il
ne répondoit pas de la vie du Roi,
s'il fe mettoit dans le bain dans
l'état où il étoit.

Le foir, je pris fujet là-deffus pour
lui faire un chapitre fur la complai-

sance que l'on a pour les Grands ;
je l'avois déja grondé pour quelque
chose qu'il avoit fait, ce qui l'engagea à me demander si je grondois
mes enfans comme je le grondois ;
je lui répondis que si j'avois des
enfans qui fissent les choses qu'il faisoit, non-seulement je les gronde-
rois, mais que je les châtierois sévé-
rement, & qu'il n'étoit pas permis
à des gens de notre condition d'être
des sots, si nous ne voulions mourir
de faim ; mais que les Rois quelque
sots qu'ils fussent étoient assurés de
ne manquer de rien, ce qui faisoit
qu'ils ne s'appliquoient point, & ne
se corrigeoient de rien. Le soir donc
étant en particulier avec lui, je lui
demandai s'il trouvoit mauvais ce
que je lui avois dit : il me répondit,
que non : je lui dis qu'il avoit raison, parce que je ne les disois pas
pour moi, mais pour lui, & que
ceux qui avoient de la complaisan-

M 3

ce pour tous ſes défauts, ne le faiſoient pas pour lui, mais pour eux; qu'ils ſe cherchoient & non pas lui; que leur but étoit de ſe faire aimer de S. M. pour faire leur fortune, & que le mien étoit de contribuer autant que je pourrois à le rendre honnête-homme ; que s'il le trouvoit mauvais, je ne lui dirois jamais rien ; mais que ſi un jour il étoit ce que je ſouhaitois qu'il fût, il m'en ſçauroit gré, & qu'autrement, il n'y auroit pas grande ſatisfaction d'être auprès de lui.

Quelque choſe que je lui aye dit; il n'en a jamais témoigné d'averſion pour moi ; bien-loin de-là, lorſqu'il vouloit dormir, il vouloit que je mis la tête ſur ſon chevet auprès de la ſienne, & s'il s'éveilloit la nuit, il ſe levoit, & venoit ſe coucher avec moi ; en ſorte que pluſieurs fois je l'ai reporté tout endormi dans ſon lit. Il étoit fort docile &

se rendoit toujours à la raison. Dès son enfance, il a fait voir qu'il avoit de l'esprit, voyant & entendant toutes choses, mais parlant peu s'il n'étoit avec des personnes familieres. Il a toûjours aimé à railler, mais avec esprit. Quoique dans un âge tendre, il a témoigné avoir du courage ; car je l'ai vû fort jeune au Siége de Bellegrade, & à celui d'Estampes, où on lui tiroit force coups de canon, sans que cela lui donnât de la crainte ; & ceux qui l'ont vû dans les dernieres occasions disent qu'il est intrépide. Il étoit naturellement bon & humain, & dès ce temps-là il y avoit toutes les apparences du monde qu'il seroit un grand Prince ; mais on ne cultivoit pas avec assez de soin, ses bonnes dispositions : on ne lui inspiroit pas assez les sentimens de Maître : cela parut un jour à Compiegne que M. le Prince qui étoit pour lors tout - puissant à la

M 4

Cour, entrant dans le cabinet de
S. M. qui étudioit, pour aller de-là
chez S. E. par-deſſus la terraſſe ; le
Roi ſe leve pour le recevoir, & ils
furent quelque temps tous deux auprès du feu, où le Roi ſe tenoit
tôûjours découvert, ce qui ne me
plaiſoit pas ; je m'approchai donc
de ſon Précepteur, & lui dis qu'il
le falloit faire couvrir, à quoi il ne
me répondit rien : j'en dis autant
au Sous-Gouverneur qui n'eut pas
plus de hardieſſe ; ainſi je m'approchai de S. M. & lui dis tout bas par
derriere de ſe couvrir ; ce que M. le
Prince ayant apperçu, lui dit auſſi-
tôt : *Sire, la Porte a raiſon, il faut
que V. M. ſe couvre, & c'eſt aſſez
nous faire d'honneur quand elle nous
ſaluë.* En effet, M. le Prince avoit
de très-bon ſentimens ſur l'éducation du Roi, comme il le fit paroître à M. l'Abbé de Beaumont & à
moi un jour que nous le fûmes voir

enſemble, au retour d'une campagne de Flandre, où il avoit remporté une grande Victoire ; car ſi-tôt
qu'il nous vit, il nous mena auprès
d'une fenêtre, & nous demanda en
ſecret s'il y avoit apparence que le
Roi fut honnête-homme : à quoi lui
ayant répondu qu'il en donnoit toutes les eſpérances qu'on pouvoit ſou-
haiter : *Vous me raviſſez*, nous dit-
il, *car il n'y a pas de plaiſir d'obéïr
à un ſot.*

Je ne parlerai point ici des troubles de Paris, parce qu'ils ne ſont
pas de mon ſujet ; outre que je n'y
eus de part qu'en partageant la mi-
ſere publique ; je dirai ſeulement,
que lorſqu'on eut fait évader le Roi
de Paris la veille des Rois de l'année 1649. je voulus faire ſortir de
Paris, ma femme qui étoit groſſe,
avec mon fils, ne les y croyant pas
en ſûreté, pendant le Siége. J'eus
toutes les peines imaginables à y

réuiffir, parce que le peuple en armes empêchoit qui que ce fût d'en
fortir. J'en fortis cependant avec
une efcorte qui me mena jufqu'au
milieu du Cours, je les menai à
Nanteuil, Château de M. le Duc
de Schomberg ou ayant établi ma
famille, je fus retrouver la Cour à
St. Germain. Ces troubles s'appai-
ferent bien-tôt ; mais s'étant enfuite
renouvellés par la prifon des Princes, M. le Cardinal prévoyant ce
grand orage qui le menaçoit tout
feul fe retira à Sedan, & de-là à
Bouillon au commencement de l'année 1651. & ce qu'il y a de furpre-
nant, c'eft que cet homme après
avoir foulevé contre lui le Parlement qui avoit mis fa tête à prix
par plufieurs Arrêts, malgré la fu-
reur d'un peuple armé, fe tira d'affaires & après avoir gouverné du
lieu même de fon exil, revint en
1652. malgré l'armée des Princes,
joindre la Cour à Poitiers.

Cependant j'étois demeuré malade à Paris ; mais comme je me portai mieux, & que le commencement de mon quartier approchoit, nous nous affemblâmes environ cent cinquante Officiers de la Maifon du Roi & de la Reine pour aller à Sulli, où étoit la Cour.

Quand nous paffâmes à Orléans où Mademoifelle s'étoit jettée, elle me fit entrer avec trois Officiers, & en fit paffer plus de quarante autres dans des batteaux au-deffous de la Ville. Cette Princeffe me tint deux heures à me conter les raifons qu'elle avoit eu de fe jetter dans Orléans, & d'en refufer les portes au Roi, me donnant charge de les dire à la Reine, & elle me fit entendre qu'en lui donnant le Roi pour mari c'étoit le moyen de faire une bonne paix.

Je dis tout cela à la Reine qui fe mocqua de moi, me difant : ce n'eft pas pour fon nez quoiqu'il foit bien

M 6

grand ; & me l'envoya dire à S. E.
qui me dit que le Roi n'étoit pas
encore à marier, & me fit en cette
rencontre fort bon visage ce qui
m'étonna ; mais après y avoir bien
pensé je conçus que cela ne venoit
pas d'amitié mais du mauvais état
de ses affaires.

De Sulli nous allâmes à Gien ,
où bien-tôt après nous apprîmes que
M. le Prince étoit arrivé de Guien-
ne lui cinquiéme *incognitò* en l'armée que commandoient Messieurs
de Beaufort & de Nemours, lesquels
n'étoient pas en bonne intelligence.
M. de Turenne commandoit l'armée du Roi, dont M. d'Hoquin-
court menoit l'avant-garde, qui fut
défaite, & si M. de Turenne n'eût
fait bonne contenance faisant paroître toute son armée de front sur le
haut d'un côteau nous aurions cou-
ru de grands risques ; mais heureusement M. le Prince ne le poussa

point, & se contenta de sa premiere
victoire dont nous nous trouvâmes
bien ; car s'il eut chargé M. de Turenne, il y a toutes les apparences
du monde qu'il l'eût défait, à cause
du peu de gens qu'il avoit, & qui
étoient fort mécontens aussi - bien
que toute la Cour qui n'avoit pas
un teston ; mais Dieu gouverna cet
événement pour la conservation du
Roi & de toute la France.

Le combat s'étant donné à trois
quarts de lieuës de Gien, où étoit la
Cour pauvre & misérable, à qui
toutes les Villes fermoient leurs portes & qui n'avoit aucun secours d'argent, l'allarme y fut grande. Dès
le soir la Reine m'envoya querir sur
l'avis qu'elle avoit eu que les ar-
mées étoient en présence, pour me
dire que j'envoyasse en diligence
querir les mulets & les chariots,
& qu'à la pointe du jour au bout
du pont on fit venir tous les équi-

pages qui étoient à cinq lieuës de Gien au-delà de la Loire ; car les Princes étoient maîtres de tout le côté de deçà.

Les ordres furent donnés partout, & dès la pointe du jour tous les carrosses étoient au-delà du pont pleins de Dames & de Demoiselles ; mais les équipages filerent avec tant d'embarras & de précipitation que si M. le Prince eut poussé sa pointe, il prenoit toute la Cour dans Gien. A tout moment il venoit des allarmes de l'armée, que tout étoit perdu : Dieu sçait, si chacun songeoit à ses affaires. Enfin nous apprîmes que l'armée des Princes se retiroit au grand contentement de tout le monde ; car ce fût le coup de partie, & la ruine entiere des Princes qui, depuis ce temps-la, ne firent rien qui vaille.

De Gien nous allâmes coucher à St. Fargeau, si étourdis, qu'on ne sçavoit ce qu'on faisoit, ni ce qu'on devoit faire. Il arriva de Paris un laquais de Madame de Nyert, femme de chambre de la Reine, qui avoit rencontré près de Montargis l'armée des Princes qui alloit loger à l'Abbaye de Ferrieres. Je crus que S. E. n'en avoit aucune nouvelle à cause du peu de dépense qu'elle faisoit en espions ; c'est pourquoi je dis à Chamarante qu'il lui allât dire cette nouvelle, ne croyant pas ce service assez considérable pour lui aller dire moi-même : je fus fort surpris que sur cet avis, on assemblât le Conseil, où l'on fit venir ce laquais ; & sur ce qu'il dit, on prit les résolutions de ce que l'on avoit à faire.

De Saint Fargeau, la Cour alla à Auxerre, à Joigni, à Sens, à Montreau ; pendant cette marche les ordres furent si mal donnés qu'on se mangeoit les uns les autres, & l'insolence alla au point que le Comte de..... frere de M. de Broglio pilla la petite écurie du Roi, & eut aussi peu de respect pour la livrée de Sa Majesté que pour celle du dernier des Cravattes. M. le Premier lui envoya Givry, Ecuyer du Roi, pour lui redemander ses chevaux dont on se mocqua, & tout cela passa chez S. E. pour galanterie.

De Montreau nous vinmes à Corbeil où le Roi voulut que Monsieur couchât dans sa chambre qui étoit si petite qu'il n'y avoit que le passage d'une personne. Le matin lorsqu'ils furent éveillés, le Roi sans y penser cracha sur le lit de Monsieur, qui cracha aussi-tôt tout exprès sur le lit du Roi, qui un peu en colere lui cracha au nez : Monsieur sauta sur le lit du Roi, & pissa dessus ; le Roi en fit autant sur le lit de Monsieur : comme ils n'avoient plus de quoi cracher, ni pisser, ils se mirent à tirer les draps l'un de l'autre, dans la place; & peu après ils se prirent pour se battre. Pendant ce démêlé je faisois ce que je pouvois pour arrêter le Roi; mais n'en pouvant venir à bout, je fis avertir M. de Villeroi qui vint mettre les hola. Monsieur s'étoit plutôt fâché que le Roi; mais le Roi fut bien plus difficile à appaiser que Monsieur.

Après cette petite guerre terminée, Monsieur demanda au Maréchal de Villeroi où l'on alloit: *à S. Germain*, lui dit-il: il demanda par quel chemin: on le lui dit, puis il repartit au Maréchal: *Pourquoi par ce chemin-là, Monsieur le Maréchal, je vous assure Paris; c'est le plus court.*

Lorsque nous fûmes arrivés à St. Germain, nous apprîmes que les Parisiens avoient rompus tous les ponts, & qu'il n'y avoit pas moyen d'avoir communication avec Paris pour avoir de l'argent, de quoi tout le monde étoit bien dénué.

On fçut auffi tôt qu'il s'étoit donné combat à Eſtampes où les ennemis avoient été battus, mais qu'ils
s'étoient emparés de la Ville. Cette
nouvelle arriva à la pointe du jour,
& on la fit dire d'abord à M. de
Villeroi qui vint heurter ſi rudement
à la chambre de S. M. que je crus
que tout Paris étoit à S. Germain;
mais quand je lui eus ouvert, &
qu'il m'eût dit victoire, je commençai à faire tout mon poſſible
pour paroître guai; car véritablement nous ne ſçavions pas trop ce
qu'il nous falloit, & lequel nous ſeroit le meilleur de battre, ou d'être
battus. Le Roi ſe leva & tous trois
en bonnets, mules & robbes de
chambre, nous allâmes porter cette
nouvelle à M. le Cardinal qui dormoit, & qui ſe leva en même équipage que nous, hormis que ſa
mouſtache étoit plus en déſordre;
car ſans mentir, ſon dormir n'avoit
pas été ſi tranquille que le nôtre.

Comme c'est la coûtume des grands hommes de ne se point réjouïr d'abord des prospérités, & de ne se point affliger des infortunes, S. E. ne témoigna point de joye de cet avantage, & moi qui l'observois voyant que la chose l'interessoit plus que moi, je le voulus imiter en cela, ne le pouvant en beaucoup d'autres choses. Le Roi prit aussi-tôt congé de la compagnie, où étoient déja arrivés tous les Ministres, pour consulter S. E. & nous allâmes nous recoucher.

A quelques jours de là Birragues, premier valet de garderobe du Roi, pria M. de Crequi, premier Gentilhomme de la chambre en année, de parler au Roi pour un de ses cousins, Enseigne dans le Régiment de Picardie, qui avoit été blessé au combat d'Estampes, & qui demandoit la place de son Lieutenant qui y avoit été tué : le Roi trouva cela juste, & promit de bonne grace d'en parler à la Reine, & à S. E. mais ne donnant point de réponse à cinq ou six jours de-là, lorsque nous habillions S. M. M. de Crequi lui demanda s'il avoit eu la bonté de se souvenir de parler de l'affaire de M. de Birragues : le Roi ne répondit rien ; c'est pourquoi je lui dis que ceux qui avoient l'honneur d'être à lui étoient bien malheureux puisqu'ils ne pouvoient pas même esperer les choses justes. Comme j'étois un genouil en terre, & baissé pour le chauffer, il mit sa bouche contre mon oreille, & me dit d'un ton plaintif, & fort bas : *Je lui ai parlé ; mais cela n'a servi de rien.* A quoi je ne répondis qu'en haussant les épaules : on peut juger par-là du crédit qu'il avoit quoiqu'il fut majeur.

De St. Germain nous retournâmes à Corbeil, & de-là le Roi alla

au Siége d'Eſtampes. S. M. ſe leva
de grand matin ſur ce que M. le
Cardinal lui avoit dit qu'à cauſe des
grandes chaleurs, il falloit partir de
bonne heure ; & cependant le vigi-
lant perſonnage dormit encore deux
heures après que le Roi fut levé.

J'étois allé déjeuner lorſqu'on me
vint dire que le Roi me demandoit ;
je m'en allai le trouver, & m'étant
enquis de S. M. ce qu'elle déſiroit,
elle me dit qu'elle m'avoit fait appeller pour me donner cent louis
d'or que M. de la Vieuville alors
Surintendant des Finances lui envoyoit par ſon fils le Marquis, tant
pour ſes menus plaiſirs, que pour
en faire des libéralités aux ſoldats
eſtropiés. Il me dit qu'il les avoit
mis dans ſes poches ; mais qu'ayant
la botte haute, il auroit peine à les
garder. Je lui dis qu'ils étoient auſſi
bien dans ſes poches, que dans les
miennes ; mais cela ne ſe trouva pas
vrai dans la ſuite.

Comme Moreau, premier valet de garderobe, avoit avancé onze piſtoles pour des gans qu'il avoit achetés à St. Germain pour S. M. & par ſon ordre ; quand il vit que le Roi avoit de l'argent, il me pria de les lui demander, & de lui dire que comme on ne pouvoit avoir accès à Paris pour en faire venir de l'argent tout le monde avoit beſoin de ſon petit fait ; ce que je lui promis.

De Corbeil nous allâmes coucher au Menil-Cornuel, où nous apprîmes la bleſſure du Chevalier de la Vieuville. Le Roi ſoupa, & fut chez S. E. juſqu'à ce qu'il voulut ſe coucher ; quand il fut couché, & que tout le monde ſe fut retiré, je lui dis ce que Moreau m'avoit chargé de lui dire, à quoi il répondit triſtement qu'il n'avoit plus d'argent ; je lui demandai s'il avoit joué chez M. le Cardinal, il me répondit que non, & plus je le preſſois pour ſçavoir ce qu'il en avoit fait, & moins il avoit envie de me le dire ; enfin je devinai, & lui dis n'eſt - ce point M. le Cardinal qui vous a pris votre argent ? Il me dit, oüi ; mais avec un chagrin ſi grand, qu'il étoit aiſé de voir qu'il ne lui avoit pas fait plaiſir de lui prendre ſon argent, ni moi de lui demander ce qu'il en avoit fait.

Nous allâmes au Siége d'Eſtampes, où le Roi parut fort aſſuré, quoiqu'on lui tirât force volées de canon, dont il y en eut deux ou trois qui ne paſſerent pas loin de lui, & comme tout le monde le félicitoit le ſoir ſur ſa hardieſſe, il me demanda, parce qu'il m'avoit vû auprès de lui, ſi je n'avois point eu peur de ces coups de canon, à quoi je lui dis que non, & qu'ordinairement on n'avoit point peur, quand on n'avoit point d'argent : il m'entendit bien, & ſe prit à ſourire ; mais perſonne n'en devina la cauſe.

Le Roi voyoit quantité de soldats malades & estropiés qui couroient après lui, demandant de quoi soulager leur misere sans qu'il eut un seul douzain à leur donner, de quoi tout le monde s'étonnoit fort.

Outre la misere des soldats, celle du peuple étoit épouvantable , & dans tous les lieux où la Cour passoit, les pauvres paysans s'y jettoient pensant y être en sûreté ; parce que l'armée désoloit la campagne. Ils y amenoient leurs bestiaux qui mouroient de faim aussi-tôt, n'osant sortir pour les mener paître: quand leurs bestiaux étoient morts ils mouroient eux-mêmes, incontinent après; car ils n'avoient plus rien que les charités de la Cour qui étoient fort médiocres, chacun se considérant le premier : ils n'avoient de couvert contre les grandes chaleurs du jour , & les fraîcheurs de la nuit, que le dessous des auvents, des charettes , & des chariots

chariots qui étoient dans les ruës;
quand les meres étoient mortes, les
enfans mouroient bien-tôt après,
& j'ai vû fur le pont de Melun où
nous vinmes quelques temps après,
trois enfans fur leur mere morte,
l'un defquels la tétoit encore. Toutes ces miféres touchoient fort laRei-
ne; & même comme on s'en entretenoit à S. Germain, elle en foupiroit,
& difoit que ceux qui en étoient
caufe, auroient un grand compte à
rendre à Dieu, fans fonger qu'elle-
même en étoit la principale caufe.

Vers la fin de Juin le Roi fit quelque féjour à Melun où pour fe di-
vertir, il fit faire un petit Fort au
bord de l'eau & tous les jours il y
alloit faire collation; il y avoit auprès de S. M. Meffieurs de Vivonne,
de Vilquier, d'Anville, de Man-
cini, du Pleffis-Praflin, & plufieurs
autres Officiers d'Armée. Le jour
de la Saint Jean de la même année
1652. le Roi ayant dîné chez S. E.

N

& étant demeuré avec lui jufques vers les fept heures du foir, il m'envoya dire qu'il fe vouloit baigner : fon bain étant prêt, il arriva tout trifte, & j'en connus le fujet fans qu'il fût néceffaire qu'il me le dit, la chofe étoit fi terrible qu'elle me mit dans la plus grande peine où j'aye jamais été, & je demeurai cinq jours à balancer, fi je la dirois à la Reine ; mais confidérant qu'il y alloit de mon honneur, & de ma confcience de ne pas prévenir par un avertiffement de femblables accidiens, je la lui dis enfin, dont elle fut d'abord fatisfaite, & me dit que je ne lui avois jamais rendu un fi grand fervice ; mais comme je ne lui nommai pas l'auteur de la chofe n'en ayant pas de certitude, cela fut caufe de ma perte, comme je le dirai en fon lieu.

De Melun, nous allâmes paffer à Chemine, Maifon de Mr. le Préfident Viole près de Lagny, où étant dans le Château, j'y vis arriver Son Eminence, qui s'étant mis à la fenêtre de sa chambre le dos tourné du côté de la Cour, pour entretenir quelques personnes qui étoient avec lui, je le considerai long-temps, & ne pus m'empêcher d'admirer la Providence de Dieu en ce que cet homme, dont la tête venoit d'être mise à prix, se tenoit en cette posture près d'une fenêtre d'un bas étage, en un lieu ou passoient tous les Officiers des Maisons Royales, Officiers d'armée, Soldats, Pages, Laquais, Cochers, Chartiers, Muletiers, Marmitons, Porte-Faix, & tout ce que la Cour & l'Armée traînent à leur suite, sans que cet homme prit la moindre précaution pour sa sûreté, ce qui me fit croire que Dieu le conservoit pour nos péchés.

L'armée de Paris nous côtoyoit, mais elle n'osa nous empêcher le passage de Laguy ; si bien que nous vînmes à St. Denis, où le Roi logea dans un Couvent de Filles, & notre armée fit un pont sur la riviere à Epinay pour aller attaquer les ennemis. Cependant, je sortis de quartier, & avec beaucoup d'autres Officiers je m'en revins à Paris ; les habitans qui gardoient la porte St. Denis nous reçurent avec joye, & nous laisserent entrer sans difficulté ; je m'en retournai, parce que mon fils étoit à l'extrêmité.

Dès le soir, les ennemis voyant que les nôtres avoient passé la Riviere se retirerent sous Paris, & le lendemain se donna le combat de la porte S. Antoine, ou fut tué le neveu de S. E. & le Fouilloux, Enseigne des Gardes de la Reine. Les ennemis y avoient été défaits ; quoique M. le Prince y eut fait des merveilles de sa personne : il étoit perdu si Mademoiselle ne lui eut fait ouvrir la porte S. Antoine & n'eût fait tirer le canon de la Bastille sur l'armée du Roi qui y étoit en personne.

L'armée des Princes paſſa la Riviere de Seine ſur les ponts de Paris, & s'alla camper vis-à-vis de l'Arcenal : on peut voir dans l'hiſtoire ce qu'elle devint, & comme les Princes qui voyoient les notables s'aſſembler à l'Hôtel de Ville, ſe réſolurent pour mettre la terreur dans les eſprits, & ſe rendre Maîtres de la Ville de faire le maſſacre, où les Sieurs le Gras Maître des Requêtes, & Miron Maître des Comptes furent tués : ce qui donna une horreur extrême à tout le monde pour ce parti, & inſpira le deſſein de favoriſer le Roi, d'autant plus que ce maſſacre fut ſuivi du feu que l'on fit mettre à l'Hôtel de Ville. Mademoiſelle arbora la paille ; en ſorte que perſonne n'étoit en ſûreté, s'il n'en avoit à ſon chapeau, ou ſur la tête de ſes chevaux, ce que tous les ſerviteurs du Roi qui étoient dans Paris ne pouvoient ſupporter ſans beaucoup de peine. En ſorte que l'Abbé........ qui fous main avoit fait avertir quelques particuliers qu'il feroit bon pour contrecarrer cette paille, de faire une affemblée au Palais-Royal, leur fit dire de venir avec leurs amis, ce qu'ils firent : fi bien qu'en peu de temps il s'y trouva cinq ou fix cent perfonnes, de toute condition : on me vint querir, j'y allai : un de la compagnie monta dans la Chaire du Prédicateur, & exhorta tout le monde à faire une ligue pour faire revenir le Roi, & chacun la figna, & pour s'oppofer à la paille chacun prit le papier à fon chapeau. Ainfi à toutes les rencontres du papier & de la paille, c'étoient des combats continuels.

Pendant cette affemblée même, Mademoifelle ayant paffé devant la porte du Palais-Royal, cria à la paille ; mais tous ceux qui avoient le papier tinrent ferme dans leur parti. Mr. de la Ferté Imbaut vint pour l'empêcher ; mais il ne gagna rien, bien des gens prirent notre parti, & le feu de paille ne dura guére.

Cependant le Roi affembla un Parlement à Pontoife compofé de ceux de ce Corps qui étoient dans fes intérêts & de quelques Maîtres des Requêtes en petit nombre, & là il fut réfolu pour contenter le peuple de Paris que S. E. fortiroit de la Cour & du Royaume ; ainfi il s'en retourna à Bouillon. Et le Cardinal de Retz fe fervit de cette occafion pour aller à Compiegne avec tous les Curés de Paris pour querir le Roi, & le faire revenir en cette Ville, ou S. M. arriva vers la fin d'Octobre, & ayant mandé le Parlement au Louvre, toutes chofes furent pacifiées.

Vers ce temps-là, je tombai malade ; en forte que tout le monde crut que j'étois hors d'état d'en revenir. Le Roi m'envoya vifiter tous les jours, & la Reine fit dire à mes

proches que ma charge étoit affurée
à mon fils ; pendant que quantité de
gens l'étoient allé demander à S. E.
qui de Bouillon, où il avoit ramaffé
quelques troupes, les avoit envoyées
à Mr. le Maréchal du Pleffis Praflin
qui battoit les Efpagnols, & enfuite
Son Eminence vint le joindre en
Champagne, voulant faire croire
que le fecours qu'il avoit envoyé,
avoit déterminé le gain de la bataille.

Pendant l'abfence de S. E. il fe
faifoit beaucoup d'allées & de ve-
nues fecretes pour fon fervice par
des gens dont il ne s'eft guére fou-
cié depuis : il revint, les Parifiens le
reçurent avec joye après la bataille,
& tous les Princes étant fortis de
Paris, le Roi y demeura le Maître.
M. le Cardinal fut raffermi dans fon
autorité, dont une grande marque
fut la prifon du Cardinal de Retz,
que je vis arrêter ; & là-deffus j'admirai l'inconftance des François à

l'égard du Cardinal Mazarin, sur
qui après avoir bien crie *Tolle*, ils
se tuoient à son retour pour aller au-
devant de lui, & ceux-mêmes qui
avoient été ses plus grands ennemis,
furent les plus empressés à se produire, & à lui faire la révérence. Je vis
une multitude de gens de qualité
faire des bassesses si honteuses en
cette rencontre, que je n'aurois pas
voulu être ce qu'ils étoient à condition d'en faire autant : tout le monde
disoit tout haut au Roi & à la Reine
que toute la France étoit Mazarine,
& qu'il n'y avoit personne qui ne
tint à grande gloire de l'être. J'étois
dans le cabinet de la Reine lorsque
S. E. y entra ; j'y vis parmi tant de
gens de qualité qui s'étouffoient à
qui se jetteroit à ses pieds le premier ; j'y vis, dis-je, un Religieux
qui se prosterna devant lui avec tant
d'humilité, que je crus qu'il ne s'en
releveroit point. Deux ou trois jours
après que la grande presse fut passée,

N 5.

j'allai voir S. E. qui me reçut assez
bien en apparence ; mais je ne laif-
sai pas d'en prendre un mauvais au-
gure, parce qu'il en faisoit trop pour
un homme avec qui je n'étois pas
assez bien pour empêcher un traitement si favorable, comme je m'en
apperçus bien-tôt.

En effet, l'hyver ne fut pas plutôt
passé, & les trois premiers mois de
l'année 1653 (ne devant entrer en
quartier que le premier jour d'A-
vril,) que le 30 Mars au matin
comme je me levois, je vis entrer
Gaboury dans ma chambre. Après
les civilités ordinaires, il me dit de
faire retirer mes gens, parce qu'il
avoit quelque chose à me dire ; &
après quelques excuses de ce qu'il
n'avoit pû s'empêcher de m'apporter une nouvelle qui me toucheroit,
il m'annonça que la Reine lui avoit
commandé de me venir dire, de ne
point servir mon quartier, & que je
priasse un de mes compagnons de

fervir pour moi. Je lui demandai ſi
c'étoit pour toujours, & ſi c'étoit
une véritable diſgrace : il me répondit qu'oui, & que la Reine lui avoit
commandé de me dire que je ne la
viſſe point, ni le Roi, ni S. E. que
je fiſſe le malade, & me miſſe au
lit, & que je ne parlaſſe à perſonne;
ce qui me ſembla bien extraordinaire : car les Rois n'ont pas accoû-
tumé de tenir ſecrets les châtimens
qu'ils font à ceux qui les ont méri-
tés. Ils doivent faire juſtice, & la
plus grande gloire qu'ils ayent, eſt
lorſqu'ils la font bien.

La raiſon qu'avoit la Reine de
m'ordonner de n'en parler à perſonne, étoit la honte de ſa foibleſſe ;
car elle ſe doutoit bien que tout le
monde la blâmeroit d'abandonner
ſans aucune raiſon un homme qui
l'avoit ſervie, comme j'avois fait.

Je priai Gaboury de dire à la
Reine qu'elle ne trouveroit en moi
que de l'obéïſſance ; mais que pour

N 6

me mettre au lit, cela étoit inutile
si la chose devoit être pour toûjours;
qu'elle sçavoit bien que je sçavois
me taire, mais qu'en cette rencontre c'étoit une mauvaise finesse; car
tout le monde sçachant que j'étois à
Paris en bonne santé, & qu'un autre servoit mon quartier, il ne seroit
pas difficile de deviner que c'étoit
par ordre. Je fis comme il m'étoit
enjoint excepté de me mettre au lit,
& Mr. Bontemps ayant accepté la
priere que je lui fis de servir pour
moi, tout le monde s'apperçut bien-
tôt de ma disgrace.

Je dis à Gaboury qu'après avoir
servi la Reine si long-temps, je serois bien aise de prendre congé de
sa bouche, & de lui faire la révérence. Elle l'accorda à la charge que
je ne lui dirois rien, & qu'en lui faisant la révérence, je me retirerois. Je
dis à Gaboury que je baisois très-
humblement les mains à S. M. que
je n'avois desiré la voir que pour lui

dire tout ce que j'avois fur le cœur;
& c'étoit ce qu'elle appréhendoit.

La chofe fut auffi-tôt déclarée &
la plus grande partie de mes amis
de Cour me vinrent voir, ne pouvant s'imaginer que ma difgrace fut
pour long-temps, & croyant que
devant retourner à la Cour dans
peu je leur ferois fort obligé de ce
témoignage de bonne volonté; mais
quand ils virent que c'étoit une affaire fans retour ils n'en firent point
non plus chez moi.

On me laiffa ainfi pendant fept à
huit mois pendant lefquels je m'en
allai à une maifon que j'avois en
Brie, ou Nyert, premier valet de
garderobe, vint me voir pour me
dire, que c'étoit à lui à monter à la
chambre, étant le plus ancien de la
garderobe: je lui dis que comme je
n'avois point commis de crime, &
que Leurs Majeftés étoient très-juf-
tes, je ne croyois pas qu'elles me
forçaffent à donner ma démiffion,

que j'étois résolu de ne la point
donner, & qu'il ne pouvoit prétendre à ma charge jusqu'à ce que l'on
m'eût commandé de donner ma démiſſion. Il venoit me preſſentir &
ſçavoir ſi j'avois eſpérance de retourner à la Cour. Je lui dis que
j'attendrois les ordres du Roi, &
Gaboury m'a dit depuis que ces ordres ne ſeroient pas venus ſi promptement ſi Madame de Nyert ne ſe
fut fort empreſſée pour cela.

Je demeurai en Brie juſqu'à la mi-
Septembre auquel temps étant allé
voir un de mes amis à Suſſi, M. de
Bois-Franc y arriva & m'apporta
l'ordre de donner ma démiſſion,
avec une lettre de Mr. de Bartillat
qui me mandoit qu'ayant eu le
commandement de m'apporter cet
ordre, il avoit évité l'occaſion de
me trouver, & qu'ayant été trouver la Reine à la Fere, elle lui avoit
demandé compte de ſa commiſſion;
il lui avoit dit qu'il ne m'avoit pas

trouvé à Paris ; qu'enſuite ne s'étant pas mis en peine de cacher cette défaite, il lui avoit déclaré ingénument qu'il n'avoit pu ſe réſoudre à cauſer ce déplaiſir à une perſonne qu'il ſçavoit l'avoir ſi bien ſervie. De quoi S. M. s'étant fâchée elle lui avoit commandé de remettre cette commiſſion à Mr. de Bois-Franc, qui s'en acquitta comme je viens de le dire.

Je priai Mr. de Bois-Franc de ne ſe point hâter de rendre réponſe à la Reine, & de me donner du temps pour ſonger à ce que j'avois à faire, ce qu'il m'accorda.

J'employai ce temps à prendre conſeil de mes amis, ſi je donnerois ma démiſſion, où non, ne voulant rien faire de ma tête dont je puſſe me repentir, & tous me conſeillerent de la donner, m'alléguant l'exemple de Mr. de Champdenier, qui s'étoit achevé de perdre en refuſant la ſienne. A la vérité cela me faifoit bien de la peine de n'avoir que cent mille livres de ma charge, de laquelle j'avois déja refufé le double, ainfi j'en aurois eu encore davantage fi j'avois eu la liberté de la vendre à qui j'aurois voulu.

Ce ne fut pas encore cette perte qui me toucha le plus, ce fut de voir comment cette chofe dont la Reine étoit fi fatisfaite d'abord produifit un effet fi contraire à celui que j'en devois raifonnablement efperer ; je m'examinai long-temps moi-même fans que la confcience me reprochât la moindre chofe là-deffus ; & après avoir bien balancé, je me réfolus d'obéir ; & en même temps je pris la liberté d'écrire une lettre à la Reine, que je donnai à Mr. de Bois-Franc pour la rendre à S. M. par M. de Bartillat, ce qui fut fait.

La Reine fit grande difficulté de prendre cette lettre, ce qui obligea Mr. de Bartillat de lui dire qu'il ne croyoit pas que je lui perdiffe le ref-

pect ; & après avoir regardé autour
d'elle si personne ne la voyoit, elle
la prit, puis s'étant appuyée la tête
dans sa main , elle rêva quelque
temps. M. le Cardinal étant arrivé
là-dessus, elle entra avec lui dans
son cabinet, & auparavant elle dit à
Mr. de Bartillat de ne pas s'en aller,
qu'elle ne lui eut fait réponse. Ils
confererent apparemment sur ma lettre qui étoit conçue en ces termes.

MADAME,

J'ai reçu une lettre de Bartillat
qui porte un ordre de V. M. que je
remette ma charge entre les mains
du Roi, ce qui m'a autant surpris
qu'affligé ; mais comme ce n'est pas
à moi d'entrer en raison avec elle ,
& qu'il faut obéir aveuglement, je
le ferai, & recevrai ce coup de la
main de Dieu qui me châtie bien
visiblement pour avoir eu plus de
passion pour votre service que pour
le sien. Je ne veux point ici redire

les services que j'ai rendus à Votre
Majesté, ni ce que j'ai souffert pour
elle, toute la terre le sçait assez,
& personne ne peut l'ignorer puisque V. M. elle-même à eu la bonté
de le publier assez souvent. Je la
supplie seulement de se souvenir
que mes intentions ont été sinceres,
& que ce que je lui dis à Melun,
ne regardoit que la gloire de Dieu,
le salut du Roi, & son service particulier; & que j'aurois mérité le
traitement que je reçois aujour-
d'hui, si j'en avois usé autrement.
Je souhaiterois presque d'être coupable en quelque chose, afin que
Votre Majesté fut éxempte du blâme que lui cause le mal qu'elle me
fait sans sujet. Enfin, Madame, il
est juste que je me retire, & que je
ne paroisse plus devant V. M. puisque mon innocence me rend désa-
gréable; mais il est juste aussi, Madame, puisque je n'ai point commis d'autre crime que de vous avoir

fidélement servi, que vous ordonniez qu'on me paye ce qui m'est dû, & que vous n'ôtiez pas le pain à deux pauvres enfans qui n'ont point d'autre bien que celui que mes services de trente années leur avoit acquis. Si V. M. leur denie cette justice, ces ames innocentes la demanderont à celui qui vous la fera un jour, & qui sçait que nonobstant le mal qu'on me fait, je serai le reste de mes ours de V. M. &c.

La Reine en sortant dit à Bartillat, dites à la Porte, qu'il obéïsse, qu'on lui payera ce qu'on lui doit quand on payera ses Compagnons, & qu'on aura soin de lui. Je ne demandois pas une grande grace; & cependant on l'empêcha de me tenir parole à ce sujet.

J'obéïs donc, & quand je fus de retour à Paris, je donnai ma démission quand je vis mes cent mille livres comptées.

Depuis Mr. le Cardinal tomba

malade de la maladie dont il mourut, & comme je le croyois la principale cauſe de mon malheur, M. de
Carnavalet mon ancien ami, me
donna avis qu'il connoiſſoit le Pere
Severe Théatin, ſon Confeſſeur, &
que je lui devois écrire pour faire
reſſouvenir S. E. de déclarer la vérité qu'il ſçavoit au ſujet de ma diſgrace, pour décharger ſa conſcience du mal que je croyois qu'il m'a-
voit fait. J'écrivis à ce Pere, & je
donnai ma lettre à Mr. de Carnavalet qui la lui porta à Vincennes,
& le preſſa fort de la prendre, lui
diſant que c'étoit une affaire qui regardoit le ſalut de S. E. mais il ne
la voulut point recevoir diſant que
lorſque M. le Cardinal l'avoit pris
pour ſon Confeſſeur, il lui avoit fait
promettre de ne lui jamais parler
d'aucune affaire.

Après la mort de S. E. je priai à
diverſes fois tous mes anciens amis
qui voyoient familierement la Rei-

ne, de lui parler de moi, quand ils en trouveroient l'occasion ; ce qu'ils firent le plus généreusement du monde. Le premier fut le Commandeur de Jars qui n'attendit pas que je lui en parlasse pour le faire, mais ce fut inutilement ; ensuite, Madame de Motteville poussa la Reine si avant là-dessus, qu'elle l'obligea de lui déclarer pour sa justification le mal qu'elle croyoit de moi, & lui défendit absolument de m'en parler. Madame de Cavoye & Madame de Beauvais, firent aussi ce qu'elles purent dans les occasions, & toutes m'ont dit, que quand elles parloient de moi à la Reine, elle rougissoit jusque dans la racine des cheveux.

En 1663 la Reine étant déja attaquée de son cancer, Madame de Beauvais qui craignoit pour la conscience de S. M. parla de moi à son Confesseur, puis me manda de l'aller trouver pour lui en parler aussi ;

ce que je fis , & le priai de demander à la Reine fous le fceau de la
Confeffion fi j'étois coupable , ou
non ? Que fi je l'étois, elle me devoit châtier comme je le méritois ;
mais que fi je ne l'étois pas, elle
devoit terminer mon malheur ; & ,
quoique je cruffe avoir affez mérité
par mes fervices pour prétendre des
graces, que néanmoins en cela je
ne demandois que juftice. Il me promit comme il avoit fait à Madame
de Beauvais qu'il en parleroit à la
Reine ; & après avoir appris qu'elle
avoit été à confeffe à lui , je le fus
retrouver & lui demander réponfe ;
mais il ne m'en voulut point faire,
& je le trouvai fi embarraffé que je
crus qu'on lui avoit impofé filence.

En 1664 j'effayai encore un autre moyen, qui fut de me juftifier
par une lettre contre les calomnies
de mes ennemis : la voici en propres termes.

MADAME,

Que Votre Majesté me permette s'il lui plaît de lui dire avec le respect que je lui dois, que sans y penser elle m'ôte l'honneur & la réputation, en disant à tous ceux qui lui parlent de moi, que je suis plus coupable qu'ils ne pensent. Votre Majesté peut-elle dire cela en conscience ? Non, Madame, elle ne le peut sans en être bien assurée, & elle ne le peut être que par le rapport d'une personne interessée qui ne l'a peut-être pas dit, mais fait dire à une jeune personne qui n'a pû le refuser, & qui à présent a peine à s'en dedire. V. M. connoîtroit bien la vérité si elle vouloit se donner la peine d'examiner la chose à fond ; car voici le sujet de ma disgrace. Je donnai avis à V. M. à Melun en 1652. que le jour de la Saint Jean, le Roi dînant chez M. le Cardinal me commanda de lui faire apprêter son bain sur les six heures dans la Riviere, ce que je fis, & le Roi en y arrivant me parut plus triste & plus chagrin qu'à son ordinaire, & comme nous le deshabillions, l'attentât manuel qu'on venoit de commettre sur sa personne parut si visiblement que Bontemps le pere, & Moreau le virent comme moi. Mais ils furent meilleurs Courtisans que moi ; mon zele, & ma fidelité me firent passer par-dessus toutes les considérations qui me devoient faire taire ; & je crus être obligé en conscience d'en avertir V. M. Je le fis, & elle me témoigna être satisfaite de mon procédé, en me disant que tous les services que je lui avois rendu, n'étoient rien en comparaison de celui-là. V. M. se souviendra, s'il lui plait, que je lui ai dit que le Roi parut fort triste, & fort chagrin, ce qui étoit une marque assurée qu'il n'avoit pas consenti à ce qui s'étoit passé, & qu'il n'en ai-

moit

moit pas l'auteur. Je ne voudrois pas, Madame, en ſaccuſer qui ce ſoit, parce que je craindrois de me tromper ; mais ce qui eſt certain, c'eſt que ſi je n'euſſe point donné cet avis à V. M. je ſerois encore auprès du Roi ; mais j'aurois manqué à la fidélité que je lui devois.

Je dis encore une fois à V. M. que ſi elle vouloit prendre la peine d'examiner toutes les circonſtances de cette affaire, elle connoîtroit aiſément mon innocence, & pourroit aiſément ſe décharger la conſcience du mal que je ſouffre il y a douze années. Je ſortis de quartier à Saint Denis, je fus neuf mois ſans approcher du Roi, pendant leſquels je fus malade à l'extrémité, le Roi me faiſoit l'honneur d'envoyer de deux jours l'un ſçavoir de mes nouvelles, & même il envoya ſon premier Médecin, M. Carnavalet avec qui je logeois pourroit témoigner cette vérité, & que toutes les fois qu'il al-

loit au Louvre, le Roi lui demandoit comment je me portois. Lorfque je fus guéri, & que j'eus affez
de force pour aller au lever de Sa
Majefté, je la trouvai encore au lit
& en préfence de M. Vallot & de
Bontemps, le Roi fe leva en fon
féant & me témoigna de la joye de
ma guérifon. V. M. eut la bonté de
faire affurer mes beaux freres que fi
je mourois, elle conferveroit ma
charge à mon fils : ce n'étoit pas-là
me traiter en coupable, & néanmoins il y avoit déja quatre ou cinq
mois, que je vous avois donné cet
avis à Melun. Quand eft-ce donc
que j'ai commis ce crime ? Je n'ai
pas couché dans la chambre du Roi
depuis ce temps-là. Peut-il tomber
dans la penfée qu'un homme dont on
ne fe plaint point, que l'on traite
comme l'homme du monde dont on
eft le plus fatisfait, allât lui-même
découvrir la chofe pour en accufer
un autre ? Je ne devins coupable que

neuf mois après , quand M. le Cardinal revint de Bouillon. Je ne lui avois point écrit comme les autres à cause de ma grande maladie , il témoigna toutefois être satisfait de moi , lorsque je pris congé de lui en sortant de quartier à S. Denis. Cela ne l'empêcha pas étant à Bouillon de promettre ma charge au nommé Talon, pendant que V. M. l'assuroit à mes enfans ; & lorsqu'il fut venu auprès du Roi , & que je fus prêt d'entrer en quartier, il me fit passer dans l'esprit de V. M. pour l'auteur du mal que je n'avois pas fait , mais que j'avois vû , & que je vous avois dit : on ne m'en eut jamais accusé.

Je proteste à V. M. que si j'avois été assez malheureux , & assez méchant pour avoir commis ce crime , je n'en aurois jamais parlé, ni à V. M. ni à personne, puisqu'on ne s'en plaignoit pas ; & si on m'en eut accusé, je ne serois pas demeuré sur le pavé de Paris, & je ne me serois pas avisé

O 2

de me vouloir juftifier ; car Votre Majefté fçait le nombre des perfonnes qui ont eu la bonté de l'en importuner, fans que cela ait pu rien gagner fur fon efprit. Je n'ai plus qu'une feule chofe à dire à V. M. c'eft que le Roi fçait la vérité ; fi elle a pour agréable de lui en parler lorfqu'il fera fes dévotions, je ne crois pas qu'une fi belle ame, aille contre la vérité en une chofe où il y va de fa confcience. Il ne s'agit point de fçavoir qui eft le coupable ; mais feulement, fi je le fuis, ou non. La chofe demeurera éternellement fecrete, & moi toute ma vie de Votre Majefté le très-humble, &c.

Pour obliger le Roi de dire la vérité à la Reine fa mere, je lui écrivis cette lettre pour l'en prier.

SIRE,

Si j'avois à demander juftice à un Prince qui n'eut pas toutes les qualités que V. M. poffede, je pour-

rois craindre de ne la pas obtenir ;
mais puifque je la demande au plus
équitable, & au plus généreux de
tous les Rois, plein de confiance
je me jette à fes pieds pour fupplier
très-humblement V. M. de vouloir
bien détromper la Reine fa mere de
l'opinion qu'elle a de moi ; car fans
dire quelle eft ma faute, elle dit à
toutes les perfonnes qui lui parlent
de moi, que je fuis coupable d'une
faute confidérable pour laquelle on
m'a ôté d'auprès de V. M. & ainfi
elle me couvre de honte, & m'ôte
l'honneur, & l'eftime des honnêtes-
gens. V. M. fçait fi j'ai fait quelque
chofe de mal, je ne veux point
d'autre Juge de ma conduite qu'elle ;
& fi elle a toleré ma difgrace ç'a été
dans le temps de fon enfance, pendant lequel elle n'agiffoit pas encore
par fes propres fentimens : à préfent
qu'elle fait tout par elle-même, &
que fa bonté lui fait écouter l'op-
preffé & le malheureux, j'efpere

qu'elle me rendra l'honneur ; & qu'elle rendra le calme à ma vie languiſſante depuis treize années, lui proteſtant que j'en employerai le reſte à demander à Dieu qu'il lui plaiſe de combler de ſes ſaintes bénédictions toutes les années de .V. M. ce ſont les vœux que fait,

S I R E,

D e V o t r e M a j e s t é', &c.

Comme Madame de Motteville étoit la ſeule, à laquelle la Reine ſe fut déclarée ſur le ſujet de ma diſgrace, & qu'elle lui avoit dit que j'étois coupable du crime dont je l'avois averti, je crus ne pouvoir mieux choiſir qu'elle pour la prier de donner ces lettres à la Reine, & de ſupplier S. M. de donner au Roi celle qui s'adreſſoit à lui, afin qu'elle eut un entier éclairciſſement de mon innocence.

Madame de Motteville qui ne ſe laſſoit point de m'obliger, ſe char-

gea volontiers de ces lettres, & non
contente de les donner à la Reine,
elle l'obligea de les lire en sa préfence, appuya sur les plus fortes
raisons, & sans craindre de déplaire
à une Princesse qui l'aimoit, n'oublia rien pour lui faire connoître
avec tout le respect possible combien elle étoit obligée de chercher
des éclaircissemens sur une telle affaire bien loin de les éviter ; mais la
prévention l'emporta sur toutes ses
raisons, & mes lettres n'eurent aucun effet.

Enfin après la mort de cette Princesse qui arriva en 1666. vers la fin
de Janvier, quoique je n'eusse aucune espérance de rentrer dans ma
charge, ni de me faire payer de
plusieurs années de mes appointemens qui m'étoient dûs ; néanmoins
je considerai le tort que cette disgrace faisoit à ma famille, & que le
Roi, sçachant mon innocence qu'il
n'avoit laissé opprimer qu'à cause

de fon bas âge, il étoit trop jufte
pour ne la vouloir pas faire connoître, & me rendre au moins ma réputation, fi je lui en faifois parler.
Comme l'affaire étoit délicate, je dé-
fefperois d'en venir à bout, n'ofant
hazarder aucun de mes amis; mais il
arriva une chofe qui la fit réuffir,
lorfque je m'y attendois le moins.

Un de mes Ancêtres ayant déro-
gé à caufe de fa pauvreté pour avoir
été dépouillé de tous fes biens pendant les vieilles lignes, j'avois obtenu une réhabilitation pendant la Ré-
gance ; mais comme il s'étoit fait
pendant ce temps quantité d'ufur-
pations de Nobleffe, le Roi pour ré-
former cet abus avoit caffé toutes les
lettres accordées pendant les troubles, fe réfervant néanmoins la fa-
culté de confirmer celles qui avoient
été données pour fervices ; ainfi,
ce m'étoit une efpece de néceffité
d'honneur, & en quelque façon une
permiffion de me produire ; ce que

pourtant je n'ofai faire, & même
j'eus bien envie de retenir la générofité de M. le Comte de Montignac, qui s'offrit à moi, de parler
au Roi de mon affaire; car je craignois fort de fatiguer un tel ami;
mais heureufement je penfai qu'il
pouvoit avoir quelque liaifon avec
M. le Tellier, parce qu'il eft parent
de Madame de Louvois; ainfi je
crus qu'il feroit à propos qu'il en
parlât à M. le Tellier, & lui donnât
un mémoire de mon affaire; ce qu'il
fit vers le mois de Juillet de la même
année 1666.

M. le Tellier fut bien aife d'avoir
cette occafion de m'obliger : il parla
de mon affaire au Roi dans le Confeil, & S. M. eut la bonté de lui
accorder la grace que je lui demandois, & même une autre que je
n'ofois efperer, qui étoit que doré-
navant j'aurois l'honneur de le voir,
ce que je n'aurois jamais obtenu de
S. M. ni même demandé, fi j'euffe

été coupable du crime dont on m'accusoit.

Aussi-tôt que Madame la Comtesse de Montignac m'eût appris cette nouvelle par une lettre de Monsieur son mari, je m'en allai à Fontainebleau où étoit alors la Cour, & y étant arrivé, M. le Comte de Montignac me présenta à M. le Tellier, qui me reçut fort agréablement, & après que je l'eus remercié, il me dit que je pouvois me présenter au Roi, & que les chemins étoient applanis; mais que je me gardasse bien d'entrer dans aucun éclaircissement avec S. M.

Le lendemain 20 Juillet comme le Roi sortoit du Conseil, M. le Comte de Montignac me présenta à S. M. & après l'avoir remercié des graces qu'il me faisoit, & qu'il m'eût témoigné avoir pour agréable que j'eus l'honneur de le voir, j'allai à sa Messe, & à son dîner, & huit jours durant je fus à son liver ou S. M. m'accorda les mêmes entrées, que lorsque j'étois en possession de ma charge.

Madame de Mautauzier me présenta à la Reine qui me reçut fort bien, & s'informa fort à cette Dame, & à Madame la Nourice de toutes mes avantures ; sur quoi elles ne purent pas la satisfaire pleinement ; car personne n'a sçu, hors les intéressés, la véritable cause de ma disgrace.

Voilà tout ce que j'ai pu faire pour détourner de dessus mes enfans les suites ordinaires d'un tel malheur ; car sans eux, je me serois contenté pour moi de la satisfaction intérieure de mon innocence, & de la connoissance que Dieu en a. De plus mes amis n'en ont jamais douté, & mes ennemis ne se sont jamais mis en peine que je fusse coupable pourvû qu'ils pussent le faire croire. Et tout ce dont les autres peuvent m'accuser, c'est de n'avoir pû être politique aux dépens de mon honneur & de ma conscience.

On ne doit pas non-plus s'étonner de ce que je n'ai pas fait de grands efforts pour rétablir mon fils dans ma charge, comme quelques-uns le craignoient; je n'y ai pas trouvé jour, & j'ai cru qu'il étoit juste d'abandonner à la Providence le choix de sa condition; puisque j'ai éprouvé toute ma vie que les choses que j'ai souhaitées avec le plus de passion, ne m'ont jamais réussi, & qu'au contraire les avantages qui me sont arrivés ont toûjours été des choses auxquelles je ne m'attendois pas. Je serois donc bien incorrigible, si je n'instruisois mon fils par mes malheurs de la foiblesse humaine, & de la fragilité des espérances de ce monde, & si je lui laissois chercher un véritable appui ailleurs qu'en Dieu.

FIN.

Lightning Source UK Ltd.
Milton Keynes UK
UKHW051015150419
341045UK00008B/860/P